U0936485

珍藏本·增订本

纪念版

汉译世界学术名著丛书

原始宗教理论

〔英〕E.E. 埃文思－普里查德 著

孙尚扬 译

商務印書館
SINCE 1897
The Commercial Press

E. E. Evans-Pritchard
THEORIES OF PRIMITIVE RELIGIONS
据牛津大学出版社 1965 年版翻译

汉译世界学术名著丛书
（120年纪念版·珍藏本）
增订本出版说明

2017年10月，为纪念商务印书馆创立120周年，本馆推出“汉译世界学术名著丛书”（120年纪念版·珍藏本），计七百种。近五六年来，仰赖学界同人倾力支持，订正旧译，增补新译，拓展新著，积累日多。为满足读者需要，本馆在七百种的基础上，继续推出“汉译世界学术名著丛书”（120年纪念版·珍藏本·增订本）三百种。至此，“汉译世界学术名著丛书”累计出版，已达千种。

今后，本馆将继续推进丛书的翻译出版工作，在积累单本名著的基础上陆续分辑刊行，汇印出版。为促进中外文明互鉴、推动我国学术发展，使“汉译世界学术名著丛书”这项对我国学术文化有基本建设意义的重大工程发挥更大作用，诚望海内外学术界、翻译界继续给予支持，帮助我们把这套丛书出得更好。

商务印书馆编辑部

2024年2月

汉译世界学术名著丛书
（120年纪念版·珍藏本）
出版说明

2017年2月11日，商务印书馆迎来120岁的生日。120年前，商务印书馆前贤怀揣文化救国的理想，抱持“昌明教育，开启民智”的使命，立足本土，放眼寰宇，以出版为津梁，沟通中西，为中国、为世界提供最富智慧的思想文化成果。无论世事白云苍狗，潮流左右激荡，甚至战火硝烟弥漫，始终践行学术报国之志，无改初心。

迻译世界各国学术名著，即其一端。早在20世纪初年便出版《原富》《天演论》等影响至今的代表性著作，1950年代后更致力于外国哲学和社会科学经典的译介，及至1980年代，辑为“汉译世界学术名著丛书”，汇涓为流，蔚为大观。丛书自1981年开始出版，历时三十余年，迄今已推出七百种，是我国现代出版史上规模最大、最为重要的学术翻译工程。

丛书所选之书，立场观点不囿于一派，学科领域不限于一门，皆为文明开启以来，各时代、各国家、各民族的思想与文化精粹，代表着人类已经到达过的精神境界。丛书系统译介世界学术经典，引领时代思想，为本土原创学术的发展提供丰富的文化滋养，为推动中国现代学术和现代化进程做出了突出的贡献。

为纪念商务印书馆成立120周年，我们整体推出“汉译世界学术名著丛书”120年纪念版的珍藏本，寄望既利于文化积累，又便于研读查考，同时向长期支持丛书出版的译者、编者和读者致以敬意。

两甲子后的今天，商务印书馆又站在了一个新的历史时间节点上。我们不仅要铭记先辈的身影和足迹，更须让我们的步伐充满新的时代精神。这是商务人代代相传的事业，更是与国家和民族的命运始终紧密相连的事业。我们责无旁贷，必须做好我们这代人的传承与创造，让我们的努力和成果不仅凝聚成民族文化的记忆，还能成为后来人可以接续的事业。唯此，才能不负前贤，无愧来者。

商务印书馆编辑部

2017年10月

目　　录

第一章　导言

以下演讲考察的是那些可以被视为人类学家或多少在人类学 1
领域里有所著述的作家们试图理解和解释原始人的宗教信仰和实践的方式。在此，我应该开门见山地说明，我主要关注的只是关于原始人的宗教的几种理论，超出这些界限之外的关于宗教的更为一般的讨论，对于我们的主题来说只是枝节性的。因此，我将执着于那些可以在宽泛的意义上被看作人类学的著述，而且大部分是英国作家们的著述。你们将会注意到，我们现在感兴趣的与其说是原始宗教，不如说是已经被提出来、旨在提供关于原始宗教的解释的各种理论。

如果有人想质问，那些较为简单的人的宗教与我们有何利害关系，那么我会回答，首先，从霍布斯、洛克和卢梭，到赫伯特·斯宾塞、涂尔干和柏格森，一些重要的政治、社会和道德哲学家都认为，原始生活的事实对于理解一般社会生活具有重要的意义。此外，我还会进一步指出，19 世纪对于我们的文明中的思想氛围的变迁负有主要责任的那些人，即伟大的神话制造者达尔文、马克思、恩格斯、弗洛伊德和弗雷泽（也许我还应该加上孔德）都曾对原始人表现出极大的兴趣，并且利用所有关于原始人的知识极力使我们相信，尽管历史上曾经提供过安慰和鼓励的东西，如今已经不再可能一如既

往，但它们却并未消失殆尽。纵览历史景观之后，可知这些努力确实颇有裨益。

2 其次，我会回答道，原始宗教是作为属概念的宗教里的一些种类。所有对宗教感兴趣的人都必须承认，对原始人形形色色的宗教观念与实践的研究，有助于我们获得关于一般宗教本质的某些结论，并且也有助于我们获得关于高级宗教或历史与实证宗教或启示宗教，包括我们自己的宗教本质的结论。高级宗教——犹太教、基督教、伊斯兰教，或印度教、佛教和耆那教——在发生学意义上是彼此有关的，与这些高级宗教不同，处在彼此隔绝、相当分离的世界各地的原始宗教则只能是独立发展的，彼此之间没有历史关联。因此，它们为比较分析提供了极具价值的材料，而比较分析的目的则在于确定宗教现象的根本特征，并对宗教现象做出一般的、可靠的和有意义的陈述。

我当然知道，神学家们、古典史学家们、闪米特的学者们以及其他研究宗教的学者们经常会忽视原始宗教，认为它价值甚微。但是，一想到在不到一百年之前，马克斯·缪勒为了使印度和中国的语言与宗教对理解一般语言与宗教的重要性获得承认，而与同样自鸣得意的顽固势力进行斗争，我便颇感欣慰。这场斗争至今尚未真正大获全胜（在英国，比较语言和比较宗教学系在哪里？），但是，在这场斗争中仍取得了一些进步。实际上，我会进一步地阐明，要想充分理解启示宗教的本质，我们必须理解所谓自然宗教的本质。因为，如果人们不是已经有了关于某一事物的一种观念，那么，关于这一事物就不可能会有任何东西被启示出来。我们甚或应该说，在自然宗教和启示宗教之间所作的二分法是错误的，并且造成了一些

含混。因为，或许可以说，所有的宗教都是启示宗教，而这种说法是有很好的理由的：宗教周遭的世界及其理性已然处处将关于神圣者及其自身的本质与命运的某些东西启示给了人们。我们也许该深思一下圣奥古斯丁的一段话：“现在所说的基督教，在古代人那里就已经存在，从人类一开始就不曾缺席，一直到基督以肉身降临。3
从那时起，这种早已存在的真正的宗教就开始被称作基督教。”[①]

我可以毫不犹豫地进一步声明，尽管研究高级宗教的学者们有时会轻视我们人类学家和我们的原始宗教——我们没有文本——但是，正是我们，而不是任何别的人，已经收集了大量的资料，而比较宗教这门科学——不论它多么不牢靠——就是建立在对这些资料的研究这一基础之上的。而且，不论建立在这些资料基础上的人类学理论多么不充分，它们却曾经且有时一直有助于研究古代、闪米特和印欧的学者以及埃及学家解释他们的文本。在以下的演讲进程中，我们将考察这些理论。因此，现在我只想指出，我知道英国的泰勒和弗雷泽以及法国的涂尔干、休伯特（Hubert）、毛斯（Mauss）和列维-布留尔的著作对许多学科的影响。今天，我们也许会发现他们不受欢迎，但是，在他们的时代，他们却在思想史中扮演着重要的角色。

为了下面的演讲，应该界定一下我们所理解的宗教是什么，但这并非易事。如果强调的是信仰与实践，我们也许一开始就会接受爱德华·泰勒爵士的最低限度的宗教定义（尽管这个定义包含一些

① 奥古斯丁：《订正录》，i，13。转引自 F. M. 缪勒（F. M. Müller）：《语言、神话与宗教论文集》，i，5。

困难)，即宗教是对神灵(spiritual beings)的信仰。但是，既然我关注的重点是关于原始宗教的各种理论，我就不可以选择一种定义而不选择另一种定义，因为我必须探讨泰勒的最低限度的定义之外的许多假说。有人可能会在宗教这个标题下含摄以下论题：巫术、图腾崇拜、禁忌，乃至妖术——也就是一切可以包括在“原始思维”(primitive mentality)这个术语之内的东西，或在欧洲学者们看来是非理性的或迷信的东西。我们将不得不一再特别提及巫术，因为有几位很有影响的作家对巫术和宗教不加区分，并且谈论巫术-宗教，或者认为巫术与宗教在进化发展中具有发生学意义上的关
4 联；另外一些作家则在区分宗教和巫术的同时，对二者予以类似的解释。

维多利亚时代和爱德华时代的学者们对原始宗教都极感兴趣，我猜想，其原因主要是因为他们面临着自己特有的危机。他们就这一论题撰写了许多专著和论文。确实，如果我想提及所有这些专著和论文的作者，那么，下面的演讲就会充塞着对人名和头衔的罗列。我将采用的替代方法是，选择那些一直以来最有影响，或者最能体现分析事实的某种方法的典型特征的作家，并且将其作为各种人类学思想的代表予以讨论。在详尽的讨论进程中可能被遗漏掉的东西，将会因为更大的明晰性而得到补偿。

关于原始宗教的诸种理论可以较为便利地放置在心理学的和社会学的标题下予以考虑，而心理学的理论则可以进一步划分为——这里，我将采用威廉·施米特(Wilhelm Schmidt)的术语——理智主义和情感主义。这种基本上符合历史演替的划分法将服务于其阐述性的目的，尽管有些作家是处在这两个标题的中间，或者

可以归在不止一个标题之下。

在你们看来，我对这些学者的讨论可能是苛刻的和否定性的。我想，当你们发现，在那些解释宗教现象的著述中，大部分都是那么不适当甚至荒谬可笑的，你们就不会认为我的严厉是过于苛刻了。常人也许不知道，那些撰写于过去、洋洋自得而且至今仍在学院和大学被炫耀的关于万物有灵论、图腾崇拜和巫术的著作中的大部分，都已经被证明是错误的，或至少是有疑问的。因此，我的工作不得不是批判性的，而不是建设性的，目的在于揭示为什么一度被接受的理论会失去支持，并且曾经乃至一直被完全或部分地拒斥。如果我能说服你们，还有许多事情仍然是非常不确定的、含糊的，那么，我就没有枉费心力。你们也就不会怀抱一种幻想，以为我们已经拥有关于上面提出的问题的最终答案了。

确实，回顾一下历史，真是很难弄清究竟有多少种用来解释原 5
始人的信仰、宗教的起源与发展的理论已经被提出来了。这并非只是说，我们现在根据现代的研究成果知道上述专著和论文的作者那时尚不能知道的东西，这当然是对的；令人惊异的是，即便是就那些他们所能获得的事实而撰写的著述，也有很多是与常识相左的。而这些人却都是学者，而且，他们都博学多能。要想了解这些现在看来明显是错误的阐述和解释，我们也许不得不撰写一篇专题论文，探讨他们时代的思想氛围，也就是束缚他们思想的思想环境。这种环境乃是实证主义、进化论和那种情感上的宗教残余的有趣混合。在后面的演讲中，我们将检视这些理论中的若干种，但眼下我想向你们推荐一本一度广为流传、很有影响的权威之作，这就是 F. B. 杰文斯（F. B. Jevons）的《宗教史概论》，当时（1896 年），杰文斯

是德哈姆（Durham）大学的哲学教师。在杰文斯看来，宗教经历了从图腾崇拜到作为“一种原始的哲学理论而不是一种宗教信仰的形式”[①]的万物有灵论，到多神论，再到一神论这样一种一以贯之的进化发展过程。但是，我并不想讨论或厘清他的理论。我只是将这本书列为我所知道的最佳范例，以表明关于原始宗教的诸种理论是多么荒谬。这是因为，我相信，断言没有什么关于原始宗教的一般性的或理论性的陈述能够通过今天的检视，是正确的。那完全是一堆荒谬的重构、没有依据的假设和猜测，粗野的推测、猜想、假说，不恰当的类比、误解和误释的集合。尤其是在他论述图腾崇拜的著述中，那简直就是十足的胡说八道。

如果摆在你们面前的这些理论中的某些显得相当朴素，我要提请你们记住一些事实。人类学在当时尚处于婴儿期——它还需要成长。直到最近，它还一直是文人们进行愉悦的游猎之地，也一直
6 具有那种相当老式的思辨性和哲学性。如果可以说心理学大约在1860年左右向科学的自主性迈出了第一步，而且直到30或40年之后尚未摆脱其哲学性的历史对自身的束缚，那么，大约在同一时期迈出了第一步的社会人类学则在更晚近的时期尚未摆脱类似的束缚。

一个明显的事实是，在那些关于原始宗教理论最有影响的人类学家中，没有一位曾经接近过原始人，这就好像一位化学家从来不曾认为进实验室是必要的。结果是，他们的信息只好依赖于欧洲的

① F. B. 杰文斯：《宗教史概论》，1896年，第206页。

探险家、传教士、行政官员和商人所告诉他们的东西。现在，我想说明的是，这些证据是极其可疑的。我不是说这些证据是编造的，尽管有时它们是被编造的；即便是像利文斯顿（Livinstone）、施魏因福特（Schweinfurth）和帕尔格雷夫（Palgrave）这样的著名旅行家，其习性也是极其粗心的。但是，这些证据中的许多都是虚假的，几乎所有这些证据都是不可靠的，而且，根据现代职业性研究的标准，它们几乎都是随意的、肤浅的，是没有章法和断章取义的。在某种程度上，即便是早期的职业人类学家也是如此。我想谨小慎微地说明的是，关于早期对原始人的思想和行为的描述，即使有更多的关于这些思想和行为的解释被提出，那些论断也是不能以其表面价值被接受的，在没有批判地考察其来源、没有有力的确切证据的情况下，它们是不应该被接受的。

任何在先前曾经被探险家和其他人造访过的原始人中做过考察研究的人都能够提供证据，表明他们就那些甚至通过裸眼观察也能注意到的事物所撰写的报告通常都是不可靠的，而关于宗教信仰这样不能通过裸眼观察的事物，他们的陈述则可能是非常不正确的。我可以从我很熟悉的一个地区举一个单独的事例，看看晚近关于北尼罗河人（Northem Nilotes）宗教的论文和长篇大论的专文，读到著名探险家萨缪尔·贝克爵士（Sir Samuel Baker）在1866年对伦敦民族学学会（Ethnological Society of London）的演讲中关于北尼罗河人的宗教的一段论述，觉得很是怪异。他说：“毫无例外，他们都没有对超自然存在者的信仰，也没有任何形式的崇拜或偶像崇拜，他们心中的黑暗没有被哪怕是一缕迷信之光所照亮。他们的 7

思想就像形成其弱小无力的世界的沼泽一样呆滞。”[①] 而早在1871年，爱德华·泰勒爵士就能从当时可以获得的证据中证明这种说法是不正确的。[②] 对人们的宗教信仰的论述必须得到谨小慎微的处理，因为我们面对的乃是欧洲人或土著人都不能以概念、意象和言语直接加以观察、评述的东西，它需要对有关这些人的语言的全面知识的理解，也需要了解他们的整个思想体系——他们任何特定的信仰都是这种思想体系的一部分——这是因为，如果脱离它所附丽于其中的一套信仰与实践，它就可能是毫无意义的。可以说，除了这些条件限定以外，当时的观察家很少具有科学的思想习惯。确实，有些传教士是受过良好的教育，他们学会了流利地说当地的语言。但是，正如我在欧洲人、非洲人和阿拉伯人之间的交谈中经常讲的那样，流利地说一种语言与理解它是非常不同的。因为这里还有一种引起误解的新的原因，一种新的危险。土著人和传教士使用的是同样的语词，而其内涵却不一样，它们包含着不同的意义负荷量。对那些没有在土著人的环境中（也就是远离行政官员、传教士和贸易口岸）对土著人的制度、习惯和风俗做过深入细致研究的人来说，最多只能形成一种中介性的方言，在这种语言中，是不可能就共同经验和兴趣的对象进行交流的。我们只需举一个例子，这就是使用当地的语言来指称我们的“上帝”。对于说当地话的人来说，“上帝”这个词与传教士的上帝概念，即使在严格限定的语境中，也只有一点点一致之处。近人霍卡特教授（Hocart）引用了一个来自斐

① S. W. 贝克：“尼罗河盆地的种族”，载《伦敦民族学会学报》（*N.S.V*），1867年，第231页。

② 泰勒（Tylor）：《原始文化》，第三版（1891年），i，第423—424页。

济的关于这类误解的实例：

> 当传教士说上帝是 *ndina* 时，他的意思是，所有其他的神
> 都是不存在的。而土著人则理解为，他（上帝）是唯一灵验、可
> 靠的神，其他的神有时可能是灵验的，却不可依赖于它们。这 8
> 只是一个实例，说明老师意指的是一件事，而学生却把它理解
> 为另一件事。双方都会欢喜雀跃地继续忽视这种误解。对此，
> 是没有疗救之法的，除非在传教士中获得对当地风俗与信仰的
> 全面了解。[①]

此外，学者们用来证明其理论的报告不仅是非常不充足的，而且也是具有高度的选择性的，后面这一点与以下演讲的主题尤其有关。旅行家们喜欢记录在案的都是给他们以奇异、粗犷和惊人之印象的东西。巫术、野蛮的宗教仪式、迷信性的信仰，这一切都要优先于他们的那种经验性的单调的日常生活，后者构成了原始人生活内容的90%，是他们的主要兴趣和关切，这包括：狩猎、捕鱼、搜集根茎和果实、耕作、放牧、造房、打磨工具和武器，总的来说，还有在日常的家务与公共事务中的职责。而这一切在时间和重要性两方面，都未获得它们在那些生活方式正得到描述的原始人生活中所占有的篇幅。结果是，由于过分关注他们认为是有趣的迷信、超自然的和神秘的东西，观察家们便倾向于勾画出这样一幅画面，其中，神秘者（在列维-布留尔使用该词的意义上）在画布上所占的比重远

① A.M. 霍卡特：《"马纳"与人》，1914年，第46页。

远大于它在原始人生活中所占的比重。这样，经验的、普通的、常识的和日常的世界似乎只有次要的重要性，土著人被描绘得看上去很孩子气，而且明显地需要慈父般的管理和传教士的热忱，如果土著人的仪式中有那么一点点渎神的味道，情形便尤其如此。

于是，学者们便开始捣鼓这些任意提供给他们的、来自全世界的点滴信息，并将这些信息塞到那些拥有诸如《金枝》《神秘的玫瑰》这样别致生动的标题的著作里。这些著作展现一种关于原始人心智的人为合成的意象，或者毋宁说是一幅关于原始人心智的漫画：他们迷信、幼稚、无力进行批评性的或持久的思想。有关这种传统的做法、这种不加分别地使用证据的事例，在当时任何一位作
9 家那里都可以找到。例如：

阿玛克萨（Amaxosa）人喝牛的胆汁，以使他们变得凶猛。臭名昭著的曼徒阿拉（Mantuana）则喝饥渴的部落酋长们的胆汁，因为他相信这可以使他强壮。许多民族，如唷茹巴斯人（Yorubas）相信“鲜血就是生命”。新加里东人（New Caledonians）吃被杀死了的敌人，以便获得勇气和力量。在提摩老（Timorlaut），人们吃掉被杀死的敌人的尸体，以治疗阳痿。霍马赫拉（Halmahera）人喝被杀死的敌人的血，为的是变得勇敢。在阿姆波伊纳（Amboina），武士们痛饮他们杀死的敌人的血，以获得勇气。舍勒贝（Celebes）人喝敌人的血，以使他们自己强壮。迪埃里（Dieri）的土著人和毗邻的部落则吃人肉，并且喝掉那个人的血，以便获得力量，那个人的油脂则被擦在病人的身上。[①] 等等，等等，连篇累牍。

① A. E. 克劳利（A. E. Crawley）：《神秘的玫瑰》，1927 年版（由西奥多·贝斯特曼 Theodore Besterman 修改增订），i，134—135。

这种传统的做法遭到了马林诺夫斯基的彻底嘲弄，大部分功劳应该归功于马林诺夫斯基，因为他通过嘲弄和举例使得先前在原始人中所做的研究种类和学者们对这些研究的运用这两者都已过时。他谈到“一些使我们人类学家觉得很愚蠢并且使得原始人看起来很滑稽可笑的冗长的、絮絮叨叨的乏味的描述”，例如，“在布洛迪那西（Brobdignacians）人中，当男人遇到他的岳母时，两人会互相凌辱对方，撤走时每人都鼻青脸肿”；“当布洛迪戈（Brodiag）人遇到北极熊时，他会逃走，而北极熊有时则会跟随着他”；“在老加里东，当一个土著人偶然在路边碰到一个威士忌酒瓶时，他会一口气喝光，然后立即开始寻找另外一瓶”。①

我们发现，在裸眼观察水平上的选择已经产生了最初的歪曲，而在书斋里闭门造车的学者们使用的那种剪刀加糨糊的编纂方法则导致进一步的歪曲。总体上来说，他们缺乏任何历史批判感，而这正是史学家在评估纪实性证据时所运用的准则。于是，如果原始人的观察家们创造了一种过分突出原始人生活中的神秘成分的 10
错误印象，它也会得到剪切这种处理方法的虚饰，这种处理还会因为被贴上“比较研究方法”的标签而被抬高身价。就我们的主题而言，这种方法包括，从关于原始人的第一手记录中，并且任意地从全世界摭拾那些仅仅涉及奇异、怪诞、神秘和迷信——这要看我们喜欢用哪个词——的东西，曲解那些远离了其背景的事实，然后将这些零零碎碎的东西拼凑到一块怪异的马赛克砖里，而这块马赛

① B. 马林诺夫斯基（B. Malinowski）：《原始社会中的犯罪与风俗》，1926 年，第 126 页。

克居然被认为勾画了原始人的思想。尤其是在列维-布留尔的早期著作里，原始人就是被如此这般地弄得看上去非常非理性（在非理性这个词的通常意义上），他们生活在怀疑与恐惧的神秘世界里，生活在对超自然者的恐惧之中，永无止境地忙于应付恐惧。我以为，当今任何一位人类学家都会同意，这样一幅画面是彻头彻尾的歪曲。

实际上，如此使用"比较研究方法"是用词不当。如果我们用这个词指分析比较，那么，这里压根儿就没有比较，有的只是将那些似乎有些共同性的事项拼凑在一起。对此，我们确实可以说，它使得作家们能够作初步的分类，而在此种分类中，大量的观察能够被置于数量有限的标题之下，由此而导入一些秩序；就此而言，它曾有过价值。但是，与其说它是比较研究方法，不如说它是一种描述，差不多就是心理学家过去所说的"猎奇法"（anecdotal method）。大量偶然的事例被拼凑在一起，以阐释某种一般性的观念，并支持作者论述那种观念的论文。从来不曾有过以未被选择的事例来检验其理论的尝试。当从一个任意的猜测推导出另一个任意的猜测（被称作假说）时，连最起码的谨慎也被忽视了，归纳法（求同法、求异法和共变法）的最简单的准则也被忽视了。这里仅举一个例子，如果上帝像弗洛伊德所说的那样，是理想化和崇高化了的父亲形象的投射，那么，显然需要证明关于神的诸概念会随着父亲在不同社会中的家庭里的非常不同的地位而变化。此外，如果全
11 面考虑的话，那些本来罕见的反面事例便被作为后来的发展、退化和残存者，或者通过其他的进化论的伎俩予以清除。正如你们在我的下一次演讲中将会看到的那样，早期的人类学理论不仅在心理源

头里寻求对原始宗教的解释，而且试图将原始宗教置于进化的一个等级，或者将其定为社会发展的一个阶段。一种逻辑发展的链条由此通过演绎法而被建构起来。在缺乏历史记录的情况下，是不能充满信心地断言，在任何特定的情况下，历史的发展都是符合逻辑范式的——事实上，从19世纪中叶起就曾在赞同进步论的人士和赞同退化论的人士之间爆发过一场争论。前者认为，原始社会处于一种早期的、向文明不断发展的状态之中，尽管它可能会停滞不前；后者则认为，原始社会曾经处于更为高度文明的状态之中，然后从这种状态退化了。这一争论尤其与宗教有关，其中一方认为，在原始人中发现的、他们视为相当高级的神学观念乃是那种最终将导向更为高级的事物的对真理的最初洞见；而另一方则认为，那些信仰是较早的、更为文明的状态的遗存。赫伯特·斯宾塞对这一问题保持着一种开放的思维，[①] 但是，另外一些人类学家（除了安德鲁·兰(Andrew Lang)和一定程度上的马克斯·缪勒以外）和社会学家却是进步论者。在缺乏历史证据证明原始社会事实上已经经历过的阶段的情况下，它们却被假定具有一种上升的而且经常是不变的秩序。所需要的一切乃是在某个地方——不论是在什么地方——找到一个或多或少地对应于逻辑发展的某个阶段的事例，并且将其作为一个实例，或像作家们乐意做的那样，将其视作证明这种或那种直线进化架构的历史真实性证据而嵌入其中。如果我是在对一群纯人类学的听众演讲，那么，即使是提到过去的这种传统做法，也会被认为是在鞭挞死马。

① H. 斯宾塞：《社会学原理》，1882年，i，106。

我相信，通过炮制特别的术语来描述原始宗教，并由此而暗示
12 原始人的心智与我们是如此不同，以至于原始人的思想不能用我们的词汇和范畴予以表达，这使得困难有增无减，而且使得随之而来的曲解更甚。原始宗教是“万物有灵论”“前万物有灵论”和“拜物教”，等等。要么就是从当地语言中摭拾一些术语，就好像是在我们自己的语言里不可能找到任何一个类似于必须得到描述的东西的术语一样，这些术语包括：禁忌（taboo，取自波利尼西亚语）、马纳（mana，取自美拉尼西亚语*）、图腾（totem，取自北美印第安人）和巴拉克（baraka，取自北非阿拉伯人**）。我并不否认，翻译中的语义学上的困难是很大的。比如说，法语和英语之间的翻译困难就相当之大，而当某种原始语言必须被翻译成我们自己的语言时，由于显而易见的原因，其困难就更令人生畏了。就我们正在讨论的主题而言，这些困难实际上是我们所遇到的主要问题，因此，我希望蒙允稍微详细地讨论一下这个问题。如果一位人种史学者说，中非人语言中的 ango 一词指的是狗，他完全是正确的。但是，他还只是在非常有限的程度上转达了 ango 一词的意义。因为这个词对使用它的土著人来说，其意义非常不同于狗这个词对英国人的意义。狗对他们的重要性——他们用狗狩猎，他们吃狗肉，等等——并不等于狗对我们的重要性。当我们碰到一些具有形而上的指涉的术语时，词不达意又可能是多么严重！人们可以像一些人已经做过的那样，

* Mana 意指事物或人体现出来的超自然的力量，亦译神力。——译者

** Baraka 有多种含义，多指由于神赐福于某人，与他同在的人也因此而沾光。穆斯林见面时亦用该词祝福，意为祝人吉祥幸福。——译者

使用土著人的词汇，然后通过在不同的语境和情况下的用法来显明这些词汇的意义。但是，这种权宜之计有其明显的局限性。用一个民族的方言土语撰写对该民族的记述，将意味着归于荒谬。而诸种替代性的方法都是危险的。人们可以使一个取自原始人语言的词例如图腾标准化，并用它来描述其他民族中类似于该词在其本土所指涉的现象。但是，这会成为更大混乱的原因，因为这种相似性可能是表面的，而正在讨论的现象又是如此多样化，以至于那个词会失去其所有的意义，而正如戈登威泽所指出的那样，这便是图腾一词长久以来的命运。[①]

我之所以强调这种困境，是因为它对理解关于原始宗教的各 13
种理论颇有意义。人们可能确实会在自己的语言里找到某个词或短语，可以用它来翻译土著人的一个概念。我们也许可以用“神”（god）、“精灵”（spirit）、“灵魂”（soul）或“鬼”（ghost）来翻译土著人的某个词，但是，其后我们就必须不仅要质问我们如此翻译的这个词在土著人看来是什么意思，而且必须质问用来翻译的那个词对翻译者及其读者来说是什么意思。我们不得不确定双方的意义，而且最好是在这两个词之间不只是有意义的部分重叠。

语义学上的困难总是相当之大的，而且只能部分地被克服。在由传教士所做的将《圣经》翻译为土著人语言的尝试中，语义学上的困难所展现的问题也可以从反面得到考察。当希腊语中的形而上的概念必须以拉丁语得到表达时，情况就非常之糟糕；而且，正

① A. A. 戈登威泽（A. A. Goldenweiser）：《早期文明》，1921 年，282 页注。亦可参见其论文《图腾崇拜中的形式与内容》，载《美国人类学家》，N. S. XX（1918 年）。

如众所周知的那样，误解正产生于将诸概念从一种语言传输到另一种语言的过程中。于是，《圣经》被翻译成各种不同的其他欧洲语言，如英语、法语、德语、意大利语，等等。我发觉，如果拿出《圣经》中的某一部分，比如说《诗篇》，看看这些不同的语言是如何将其特定的特征烙刻在《圣经》之上的，那将是一个颇有启发性的实验。懂希伯来语或其他闪米特语的人则可以这样完成这一游戏：将这些不同的版本回译为方言，看看它们是怎么个样子。

关于原始人语言的情况，就更令人沮丧了！我曾经在某处读到传教士在试图将“你喂养我的小羊”这个句子中的小羊一词翻译为爱斯基摩人的语言时所遇到的困难，当然，你可以通过指称爱斯基摩人熟悉的动物，比如说，通过讲“喂养我的海豹”，来翻译这个句子。但很显然的是，如果你这么做，你就会以海豹对爱斯基摩人的表象意义取代了小羊对希伯来牧羊人的表象意义。埃及人有马是肉身而非精灵的说法，一个人如何能够将这句话的意义传达给一个
14 从未见过马或类似的东西，并且可能没有对应于希伯来人的精灵概念的概念的民族呢？请允许我再举两个更为复杂的事例。你如何将“我虽然说着人和天使的语言，却没有慈悲之心……”翻译为霍屯督族人的语言（Hottentot）？首先，你必须确定这段话对圣保罗的听众是什么意思，而且，还必须确定释经学对除了“人和天使的语言”以外的欲爱（eros）、圣爱（agape）和贪爱（caritas）的阐释已经发展到了什么程度。然后，你必须在霍屯督语里找到对应词。由于没有这样的对应词，你只好尽力而为。或者，你如何将“太初有道”翻译为印第安语？即使是这句话的英语形式，其意义也只能通过神学探讨得到阐述。传教士们为了克服这些困难曾做过激烈、真

诚的辩论。但是，以我的经验来看，他们教给土著人的大部分东西对于传教士在其中劳作的土著人来说，是难以理解的。我认为，传教士中的许多人也承认这一点。他们采用的解决方法通常是将土著人的孩子的心智改造为欧洲人的心智，不过，这只是一种表面上的解决方法。如果我曾经希望引起你们对这个传教问题的关注，那么，我现在必须离开这个问题，因为我们的讲座不是关于传教学的，这是一个迷人的研究领域，不幸的是，它还很少得到耕耘。

因此，我在这里也不想更进一步讨论关于翻译的更为一般的问题，因为这个问题是不能简要地处理的。我们都知道“翻译即背叛”（traduttore，traditore）的说法。我在我的导论性的演讲中提到这个问题，部分是因为我们必须在心中牢记，在评价关于原始宗教的各种理论时，其中所使用的词汇对于使用它们的学者的意义是什么。如果有人想理解他们所提出的对原始人思维的解释，就必须了解他们自己的思维，明确一点说，就是必须了解他们的立场之所在；还必须进入他们看待事物的方法，也就是他们的阶级、性别和时代的方法。据我所知，就宗教而言，他们都有这种或那种形式的宗教背景。这里提到几个你们最有可能熟悉的名字：泰勒被教育成一个贵格会信徒，弗雷泽被教育成一个长老会信徒，马雷特（Marett）被教育为英格兰教会信徒，马林诺夫斯基被教育成一个天主教徒，而涂尔干、列维-布留尔和弗洛伊德则具有犹太背景。但是，不论其 15
背景如何，那些著作最有影响的人都生活在他们谱写不可知论和无神论的时代，其中只有一两个例外。就其可信性而言，原始宗教与其他任何宗教信仰都没有差别，即都是幻想。并不只有他们才像柏格森一样质问道，“根本不是理性的信仰和实践却一直被而且仍然

被理性的人类所接受"[1],这是如何可能的？这是因为他们思想深处都隐含着18世纪唯理主义哲学家的乐观信念，即，人们之所以愚昧而且坏，只是因为他们有一种坏的制度；而人们之所以有坏的制度，只是因为他们无知和迷信；而人们之所以无知和迷信，则是因为狡猾贪婪的教士和支持教士的无耻的阶级以宗教的名义一直在剥削他们。我认为，如果我们想理解这些人类学家的理论建构，我们就必须认识许多这类学者的意图何在。他们在原始宗教中探寻并且找到了一种他们认为可以用来对基督教产生致命效果的武器。如果原始宗教能够被解释为理智的歧途和由情感压力引致的幻想，或者能够通过其社会功能而得到解释，那就意味着能够以同样的方法使得高级宗教名誉扫地，并使之被清除掉。在有些人那里，比如说在弗雷泽、金（King）和克劳德（Clodd）那里，这种意图很少得到掩饰。我并不怀疑他们的真诚，正如我在别的地方曾经暗示过的那样，我同情他们，但不赞同他们。[2]不过，他们究竟是对还是错，可谓无关紧要，重要的是，当时充满激情的理性主义为他们对原始宗教的评价染上了色彩，并且赋予他们的著述一种令当今的读者要么觉得可恼、要么觉得可笑的洋洋自得的味道。

对于这些人类学家来说，宗教信仰是荒谬的，而且对于过去和现在的大多数人类学家来说，宗教信仰也是荒谬的。不过，对这种
16 荒谬性的解释似乎是必要的，而这样的解释则是以心理学和社会学的思想方法提供的。就原始宗教进行写作的作家们的意图是从原

① H. 柏格森：《道德与宗教的两个来源》，1956年版，第103页。

② 《宗教与人类学家》，载《黑衣修道士》，1960年4月，重印于《社会人类学论文集》，1962年。

始宗教的起源来对它进行解释，因此，这样的解释显然要说明所有和每一种宗教，包括高级宗教的根本特征。对原始人的宗教所做出的解释要或隐或显地说明所有被称作“早期”宗教的起源，这意味着，它也因此要说明以色列人的信仰以及从中产生的基督教的起源。于是，正如安德鲁·兰所说的那样，“那些相信祖先崇拜乃是一切教义之关键所在的理论家们便会在耶和华身上看到一位发达的祖先神灵，或者是一种偶像神，它附着于某个沙漠酋长的古代墓碑，而图腾崇拜这种假说的孤傲的崇拜者则会为他对金牛崇拜的信念找到证据。自然崇拜的坚决支持者将坚持耶和华与西奈山上的风暴、雷电和火有关联”。[①]

确实，我们可能会因为这样一个问题而疑惑：他们为什么不以高级宗教为其首要的研究领域——人们对高级宗教的历史、神学和礼仪所知道的要比对原始宗教所知道的多得多——并由此而从所知甚多的领域向所知甚少的领域推进？在某种程度上，他们忽视高级宗教也许是为了避免在当时获得的有点精致的环境里的争论与尴尬，但主要是因为他们想发现宗教的起源和宗教的本质，而他们认为这些正可以在原始社会里得到发现。他们中有的人也许会反驳道，他们所说的“起源”指的并非时间上的最早，而是结构上的最简单，但无论如何，隐含在他们的辩驳中的假设是，结构上最简单的必定是更为发达的形式得以从中演化而来的东西。起源这个概念中的含混性已经导致了人类学中的许多混乱。关于这一点，我现在不想多加讨论，但我会回头来讨论，而且还会在我最后一次演讲中回头讨论到目前为止简要地涉及过的更为一般的论题，那时，我

① 安德鲁·兰：《宗教的形成》，1898 年，第 294 页。

会有机会将一些关于人类学的宗教理论的事例展现在各位的面前。不管怎样，我们也许已经注意到了，如果我们即将要考察其著述的
17 作者们非常深入地理解了比如说基督教的神学、历史、释经学、护教学、象征思想和礼仪，他们也许可以处于更佳的位置去评价那些对原始宗教思想和实践的描述。实际上，那些将自己树立为关于原始宗教之权威的学者们，在他们的解释中，他们对历史宗教、对普通崇拜者对宗教的信仰之所在、对崇拜者的所作所为对其自身的意义之所在、对崇拜者在宗教行为中的感受，都很少表现出较为深刻的理解。

我所说的这一切并不意味着人类学家必须有他自己的宗教，我认为，从一开始我们就必须弄清这一点。作为人类学家，他并不关切宗教思想的真假。就我对这一问题的理解而言，他是不可能了解原始宗教或任何其他宗教的神灵是否真的存在。既然如此，他就不能考虑这样的问题。对他而言，信仰乃是社会学的事实，而不是神学的事实，他唯一关注的是诸信仰彼此之间的关系和信仰与其他社会事实之间的关系。他的问题是科学的问题，而不是形而上学或本体论的问题。他使用的方法是现在经常被称作现象学的方法——对诸如神、圣礼和祭祀等信仰与仪式进行比较研究，以便确定其意义及其社会重要性。信仰的有效性是在宽泛的意义上被称作宗教哲学的领域里的问题。恰恰是因为如此之多的人类学作家们确实采取了一种神学的立场——尽管是一种否定性的和隐含的神学立场——致使他们觉得必须有一种依据因果关系的对原始宗教现象的解释，而在我看来，这就超出了这一学科的合法性的范围。

后面，我将对各种关于宗教的人类学理论作一般性的考察。由

于人们发现研究者经常接受别人就一位作者的作品所作的撰述，而不是阅读作者本人的作品（例如，我敢肯定地说，列维-布留尔的著作经常被那些根本就没有读过或者没有用功地读过它们的人给予错误的阐述），因此，请允许我告诉各位，我读过我将要批评的著作。18
在进行这种考察时，我们将会发现，对我来说，通常并不需要指出一种或另一种观点的不恰当性，因为必要的批评已经包含在后面将要提到的其他作者的著述之中。既然是这样，就可以补充一点，而且我相信你们会同意这一点，即，不能假定对社会现象只能做出一种一般性的论述，而且，如果这种论述是正确的，其他的就必定是错误的。没有一种先验的理由说明为什么这些旨在各自依据理性、情感和社会功能而对原始宗教进行解释的、可以相互补充的理论不应该是全都正确的，尽管我并不相信他们都是正确的。解释可以建立在不同的层面上。同样，对同一类事物、在不同层面上的几种不同的解释，只要它们不互相矛盾，就没有理由说明它们为什么应该不是全都正确的，因为每一种解释都可以对同一现象的不同特征做出解释。然而，就事实而论，我发现，我们将要考察的所有理论加在一起也一样是没有合理性的，甚至当它们被提出来时，就是不可接受的。这是因为，它们包含着矛盾和其他的逻辑上的不恰当性；或者是因为它们像前面所说的那样是既不能证实，也不能证伪的；或者，最后也是与我们的论旨最有关联的，是因为人种史的证据证明它们是不可靠的。

最后一句话：当今有些人一听到一些民族被描述为原始人或土著，就觉得尴尬，甚至一听到这些人被说成野蛮人，就更是觉得尴尬。但是，有时我不得不使用我的作者们的称呼，这些作者使用当

时粗鲁的语言进行写作，那时，这几乎很难给那些他们正在描述的民族以冒犯。那是繁荣与进步的美好的维多利亚时代，人们也许还会补充说，那是洋洋自得的时代，是我们昨日的浮华时代。不过，我是在韦伯所说的价值中立的意义上来使用这些词汇的，而这些词汇在辞源上是无可厚非的。无论如何，使用“原始的”一词来描述那些生活在只有简单的物质文化和缺乏文字的小规模社会中的民族这一做法，已经得到了稳固的确立，以至于难以被废除。这是不幸的，因为正如你们将要看到的那样，没有哪个词曾在人类学的著述里引起更大的混乱。此其原因则在于，“原始的”这个词可以有
19 逻辑的含义和年代学的含义，而这两种含义即便是在一些很好的学者的脑海里，有时也并未被区分开来。

在我们准备驶入历史思想的海洋的航行之前，导言性的评述是必要的，这样的评述就到此为止。正如和任何一门科学的情况一样，我们将在许多小岛上看到失败的航海者的坟墓。但是，当我们回眸人类思想的整个历史时，我们不必因为我们对原始宗教和一般宗教的本质了解得如此之少，不必因为不得不将那些旨在解释原始宗教的各种理论斥为十足的猜测和似是而非的东西而陷入绝望。相反，我们应该鼓起勇气，继续以《希腊警句选》中逝去了的航海者的精神从事我们的研究：

一位遇难的航海者，葬于此地的海岸，
邀你扬帆起航。
当我们迷失时，洗净华丽的帆船，
经受住狂风大浪。

第二章　心理学的理论

与伏尔泰同时，并与伏尔泰有通信关系的德·布鲁斯(de 20
Brosses)[①]校长的理论认为，宗教起源于拜物教，这种理论直到19世纪中叶才被接受。他的观点被孔德所采纳，[②]这种观点认为，根据葡萄牙航海家们的看法，拜物教，也就是西非黑人对无生命之物和动物的崇拜发展为多神教，而多神教又发展为一神教。它被那种以唯智主义术语表达的，并且受到了当时的联想论心理学之影响的，可以称之为鬼神论和灵魂论的理论所取代。这两者都理所当然地认为，原始人本质上是理性的，尽管原始人试图解释那些令人迷惑的现象的努力是粗糙的，并且是靠不住的。

但是，在这两种理论获得普遍接受之前，它们还必须与自然神话学派中的其他流派争夺领地，由于二者都具有唯智主义的风格，他们之间展开的争夺就显得格外激烈。我将首先非常简要地讨论一下自然神话对宗教起源的解释，部分是因为它在时间上占先，也是因为后来所发生的都是对万物有灵论的一种反动。至少是在英

① Ch. R. 德·布鲁斯:《论偶像崇拜或古埃及宗教与当今苏丹之宗教的比较》，1760年。

② 孔德:《实证哲学教程》，1908年版，第52—54讲。

国，自然神话理论已经不再有任何追随者和重要性了。

自然神话学派主要是一个德国学派，它最关注的是印欧宗教。其观点是，古代诸神，言外之意，也就是任何地方和所有时代的诸神，都不过是人格化了的自然现象：日月星辰、黎明、春季的万象
21 更新和大江大河，等等。该学派最强有力的代表人物是马克斯·缪勒（他是浪漫派诗人威廉的儿子），他是该学派中的太阳神话支派（该学派的各个支派之间发生过很多内部争论）的一名德国籍学者，但他的一生大部分都是在牛津度过的，他是牛津的教授和万灵学会的成员（Fellow of All Souls）。他是一位具有卓尔不群之能力的语言学家，是当时一流的梵文学者之一。总体来说，他是一个非常博学的人，却一直受到最不公正的诋毁。他并未准备与他的更为极端的德国同行走得一样远，这不仅是因为当时在牛津做一名不可知论者是危险的，也是由于信念的原因，因为他是一位虔诚的、满怀激情的信义宗教徒。但是，他与他们的立场相当接近，而且，通过在其多种著作中以改变方向的方式规避这种立场，有时，他将他的思想表述得很含混和不明晰。据我的理解，在他看来，人总是有一种对神圣者的直觉，关于无限者——在他那里指的是上帝——的观念派生于感官经验。因此，我们不必像当时一些人所做的那样，在原始启示或者在宗教本能或官能中探寻其起源。人类的所有知识都是通过感觉获得的，感知提供关于实在的最深刻的印象，而所有的推理都是建立在它们的基础之上的。宗教方面的情况也是如此：过往的信仰中没有什么不是从感觉得来的（*nihil in fide quod non ante fuerit in sensu*）。这样，像太阳和天空等不可触及的东西便为人们提供了关于无限者的观念，也为神灵提供了素材。马克斯·缪勒不

希望被理解为，他主张宗教始于人们对宏大的自然对象的神圣化，毋宁说，他主张这些自然对象为人们提供了关于无限者的感受，并且可以用作关于无限者的象征。

尽管缪勒曾努力在解释原始材料方面一显身手，并且理所当然地相信他的解释具有普遍的有效性，但是，他主要感兴趣的还是印度和古代世界的诸神。他的论点是，一旦关于无限者的观念已经产生，那么，就只能以隐喻和象征的形式来思考无限者，而隐喻和象征又只能取自那些在已知的世界里看上去威严雄伟的东西，如各种天体，或者不如说是这些东西的属性。但是，这些属性便因此而失去了其原初的隐喻感，并通过逐渐被人格化为神祇而凭借自身的质素获得了自主性。名（*nomina*）变成了神（*numina*）。因此，这种宗教无论如何都可以被描述为“语言的疾病”，这是缪勒后来曾极 22
力予以辩解却从未因其纠正而被人遗忘的一种精辟而又不幸的说法。他认为，由此可以推论出，我们能够发现原始人的宗教之意义的唯一方法就是语言学和辞源学的研究，这种研究能够将诸神的名称与关于它们的故事复原为其原初的意义。因此，阿波罗爱上黛芙妮（Daphne），而黛芙妮却逃离了阿波罗，并且被化作月桂树。在我们知道原来阿波罗是太阳神，而黛芙妮这个在希腊语中用来指称月桂树或海湾树的名词乃是用来指称黎明的名词之前，这个传说一直是毫无意义的。这向我们昭示了这个神话的原初意义：太阳追逐黎明。

缪勒还研究对人的灵魂的信仰，并且以类似的方式研究其鬼神形态。当人希望表述肉体和某种他们在自身内部感受到与肉体不同的东西之间的差别时，那个暗示了其自身的名词便是呼吸，这是

某种非物质性的,并且明显与生命有关的东西。于是,“普赛克”[*]一词便逐渐用来表达生命的原理,然后便有了灵魂、心灵和自我。人死后,普赛克进入阴间,这是一个无形不可见的地方。一旦肉体与灵魂的对立如此这般地在语言和思想里被建立起来,哲学便开始在其上捣鼓起来,唯灵论和唯物论的哲学体系便应运而生。而所有这一切加在一起便是语言所发挥的功用。因此,语言对思想实施着一种暴政,而思想总是与语言进行斗争,但终归徒劳无益。类似地,指称鬼神的词最初意指呼吸,而指称(死者的)幽灵的词意指影子。它们最初都是象征性的说法,而这些说法最终获得了具体性。

毫无疑问,缪勒和他的自然神话学家同伙们将他们的理论发挥到了荒谬的地步。他主张,围困特罗伊也不过是一个太阳神话。我相信,为了使这种解释沦为笑剧,有人可能写过小册子,质问马克斯·缪勒本人是不是也是一个太阳神话。撇开我们现在已知的、如
23 此这般的人文学术中的错误不论,有一点是很明显的:不论这种解释是如何有创造性,它们都未曾而且也未能得到充分的历史证据的支持,不具有可信性;它们最多只能是博学的猜测。我无须回顾自然神话学家们的同代人对他们的指责,这是因为,尽管他们的代表人物马克斯·缪勒一度对人类学思想产生过影响,但这种影响并未持续下去,缪勒一度拥有的这种影响在其生前便式微了。斯宾塞和泰勒对自然神话理论充满了敌意,他们对一种不同路径的倡导显得很成功;泰勒在这方面得到了其学生安德鲁·兰强有力的支持。

人类学从赫伯特·斯宾塞那里吸纳了大部分重要的方法论概

* psyche 这个词在希腊语里初指呼吸或气息,后指灵魂、心灵、精神。——译者

念，却遗忘了他。斯宾塞在其《社会学原理》一书中花了大部分的篇幅来探讨原始信仰，尽管他对原始信仰的探讨与爱德华·泰勒爵士相似，但他的观点在其著作出版之前很久就已经形成了，而且是独立获得的。他说，原始人是理性的，原始人除了知识很少以外，其推理即便是脆弱的，也是很合理的。原始人看到太阳与月亮、云彩与星辰这类现象来来去去，这为他提供了关于可见与不可见的环境的二元观念，而这一观念又通过对诸如化石、鸡与卵、蝶蛹与蝴蝶的观察而得到强化；因为斯宾塞的脑海里有这样的想法：原始人没有自然解释的观念，尽管他们在没有这种观念的情况下，也一直在进行着各种不同的实际事务！如果其他事物也是二元的，人本身为什么就不是？他的影子和他在水中的倒影也是来来去去。但那是梦，梦对原始人来说是真实的经验，也主要是梦为原始人提供了关于其自身的二元论观念。于是，原始人便将那个在晚上游荡的梦—自我，与在白天出现的影子—自我等同起来。通过对睡眠、晕厥、昏厥等不同形式的短暂的无知觉状态的经验，这种二元的观念又得到了强化；以至于连死亡本身也被仅仅看作是一种持久的无知
觉状态。如果人有幽灵，有灵魂，通过同样的推理，动物必定有灵 24
魂，而且植物和物质性的客体也必定有灵魂。

然而，人们却是在对鬼神的信仰，而不是在对灵魂的信仰中探寻宗教起源的。只要死者被记住了，那么他在梦中的出现就表明灵魂具有短暂的来世。最初的那种可以追溯其来源的关于超自然者的观念就是鬼神的观念。这种观念必定要早于关于偶像的观念，后者隐含着一种存在于内心的鬼神或神灵的存在。此外，鬼神的观念可见于任何地方，而偶像的观念则不然，它确实并非非常原始的人

民的特征。关于鬼神的观念不可避免地——这是斯宾塞青睐的一个词——要发展为诸神的观念。遥远的祖先或上等人的鬼神演变为神祇（这是神话即历史论的学说）。为了取悦死者而置于其坟墓之上的食物和饮料演变为抚慰诸神的祭祀和奠酒。因此，他的结论是："祖先崇拜是每一种宗教的根源。"①

所有这一切都是以一些借自物理科学不恰当的术语，并且是以明显说教的方式提出来的。其论证是一种点缀着一些实例的先验的思辨，而且是似是而非的。它是内省心理学家的谬误——或"如果我是马"——的范例，我将不得不经常提到这一点。如果斯宾塞生活在原始的环境中，他会认为，这些乃是他用来达到原始人所持有的那些信仰的步骤。看来，他似乎从来没有想到过扪心自问一下，如果关于灵魂和鬼神的观念是从关于云彩和蝴蝶、梦和昏睡的如此错误的推理中产生的，这些信仰如何能够历经数千年而不衰，并且能够被他和我们时代的成千上万的文明人所抱持。

泰勒的万物有灵论（animism，他得为这一理论感谢孔德）——他自己炮制了这个词——与斯宾塞的理论非常相似。只不过正像灵（anima）这个词所隐含的那样，他强调的是关于灵魂的观念，而不是关于鬼神的观念。在人类学著述中，"万物有灵论"这个词带有含混性，这是因为它常被在这样的意义上使用，即被认为是原始人
25 的信仰相信，不仅是动物，还有无生命的客体都是有生命和人格的。有时，这个词还包含着进一步的含义，即它们除了有生命和人格之外，还有灵魂。泰勒的理论包含着这两种意义，但是，我们在此特

① 《社会学原理》，i，440。

别感兴趣的是这个词的第二种含义。关于这一点，泰勒的理论由两个主要的论点组成，第一个论点解释其起源，第二个则解释其发展。原始人对诸如死亡、疾病、昏睡、异象以及首要的是梦这类经验的反思，引导他得出这样的结论，即这些经验必须通过某种非物质性的实体，也就是灵魂而得到解释。鬼神理论和灵魂理论可以被视为关于宗教起源的梦的理论的两种说法。然后，原始人以某些像其本人一样的方式将关于灵魂的观念移置到其他动物的身上，甚至移置到那些激起其兴趣的无生命的物体上。灵魂由于能够从它附着于其中的任何东西上分离出来，就能够被想象成是独立于其物质性载体的。于是，神灵的观念便产生了，而神灵的那种被假定的存在则构成了泰勒的最低限度的宗教定义。* 而这些神灵最终发展为诸神，诸神大大地优越于人，并且控制着人的命运。

那些已经提出来针对斯宾塞的反对意见对泰勒也是有效的。由于缺乏任何可能的手段来了解灵魂和神灵的观念是如何产生和发展的，学者们思想中的逻辑建构便被强加于原始人，并且被当作对原始人的信仰的解释而提出来。这种理论像“花豹是如何获得斑点的”那样的故事一样具有想当然的性质。灵魂和神灵的观念是能够以泰勒所假定的方式产生的，但是，并没有证据表明它们是以那种方式产生的。最多只能证明这样一点，即原始人将梦用作灵魂存在的证据，而将灵魂用作神灵存在的证据。但是，即便能证明这一点，也不能证明另一点，即梦导致了灵魂观念的产生，或者灵魂观念导致了神灵观念的产生。斯旺顿（Swanton）正确地反驳了这种因

---

* 泰勒将宗教界定为“对神灵的信仰”。——译者

果解释，他质问道，一个人死了，有些人后来梦见了他，为什么说死者拥有一种可以与肉体分离的幽灵生命就成了一种“显而易见的推理”（泰勒语）？对谁而言是“显而易见的”？同一位作者（斯旺顿）
26 还指出，原始人既没有对死者的态度认同，也没有对梦的态度认同。此外，如果“显而易见的推理”要想被接受为有效的因果性结论，其间的差异就必须得到解释。[①]

所谓灵魂观念导致神灵观念的说法，乃是一种非常可疑的假说。这两种观念都出现在被称作最低等的野蛮人之中，在进化论观点那里，他们被认为是能够达到史前人的离人最近的物种。而且，这两种观念不仅是不同的，而且是对立的。神灵被认为是非物质性、在人之外的、有侵害性的。确实，正如斯奈思（Snaith）博士曾经指出的那样，[②] 泰勒通过错误而认识到这两种观念之间是有本质差异的，他在其关于早期希伯来思想的报告中犯了一个严重的错误。此外，说最原始的人认为动物和物质性的物体具有像他们自己一样的灵魂，也有待证明。如果可以说某一民族大多是泰勒意义上的万物有灵论者，那么，他们便属于更为先进的文化，这一事实尽管对我没有什么历史意义，对进化论的观点却极具破坏性；而神的观念可见于所有所谓最低等的狩猎者和采集者这一事实，也对进化论的观点极具破坏性。最后，我们也许会再次质问道，如果宗教是如此基本的幻觉的产物，它怎么会表现出如此强大的连续性和持久性。

---

① J. R. 斯旺顿：《原始宗教中的三个要素》，载《美国人类学家》，N. S. xxvi（1924），358—365。

② N. H. 斯奈思：《旧约中的区分观念》，1944 年，第 148 页。

泰勒希望证明，原始宗教是理性的，是从观察中产生的，不论这种观察是多么不充分；原始宗教是从以这些观察为出发点的逻辑演绎中产生的，不论这种演绎是多么不完善。在他对巫术的研究中——他把巫术和宗教区别开来，他这样做与其说是建立在原因论或有效性的基础之上，还不如说是为了论述的方便——也同样强调在他所说的“这种谬误的大杂烩”中的理性因素。巫术也是以真正的观察为基础的，而且是进一步地以对相似性的划分为基础的，而这是人类知识中的第一个基本过程。巫师的错误在于推论说，由于事物是相似的，它们之间便有一种神秘的联系；这样便误将理想的 27
联系当作实际的联系，误将主观的联系当作客观的联系。如果我们质问道，那些利用自然并且将其社会生活组织得如此之好的民族怎么会犯这样的错误，回答是，他们有很好的理由觉得其巫术不是无用的。自然，或者由巫师所行的骗术经常会取得巫术本就应取得的效果。如果巫术未能达到其目的，它便会借口忽视了某种规定，或借口某些禁令被忽视了，或敌对的力量妨碍了它而得到合理的解释。此外，对成败的判断是有可塑性的。而且，任何地方的人都发觉很难鉴别证据，尤其是当权威的势力劝使人们接受那些可以确证一种信仰的东西、拒斥那些与一种信仰相矛盾的东西时，情况更是如此。泰勒的这种论述得到了文化人类学证据的证明。

我已经简要地论及泰勒对巫术的探讨，这样做部分是将其当作对唯理主义解释的进一步展示，部分是因为它直接引导我评价弗雷泽对我们学科的贡献。窃以为，弗雷泽是人类学中最著名的名字，我们得大大地感谢他、斯宾塞和泰勒。《金枝》全书乃是极其勤奋和博学的著作，该书专门讨论原始迷信。但是，不能说他对泰勒

的宗教理论增加了很多价值，毋宁说，他以两个新的假说将一些混乱引入其中，这两个假说中的一个是伪历史的，另一个则是心理学的。按照他的说法，任何地方的人迟早都会经历从巫术到宗教、从宗教到科学这三个思想发展阶段，这个架构可能是他从孔德的神学阶段、形而上学阶段和实证阶段说那里拿来的，尽管二者之间的对应关系远非精确。当时的另外一些作家，如金、杰文斯和卢伯克（Lubbock），还有我们将会发现是以某种方式来看待这一问题的马雷特、普罗斯（Preuss），以及社会年鉴学派的作家们也都相信，巫术要早于宗教。最后，弗雷泽说，更敏锐的智力会发现，巫术并未
28 真正达到其目的，但是，由于仍然不能以经验的方式克服他们的困难，或者通过精致的哲学面对他们的危机，他们便陷入了另外一种幻觉，即存在着能够帮助他们的神灵。在时间的进程中，更为敏锐的智力发现，神灵也同样是假的，这便是一种预示着实验科学的黎明到来的启蒙。支持这一观点的论证至少可以说是价值不大的，在民族学的意义上是最为脆弱的。建立在澳大利亚资料基础之上的结论尤其是离题的。而且，既然将澳大利亚人引入论证，以证明文化越简单，巫术越多，宗教也就越少，那么，注意到狩猎和采集民族，包括许多澳大利亚的部落都有万物有灵论式的和有神论的信仰与膜拜，便是恰当的。下面一点也是很明显的：澳大利亚人的文化中的巫术之种类和容量可能要少于它在技术更为先进的文化中的种类和容量，事实也确实如此：例如，在缺少种植植物和金属的情况下，不可能有农业巫术和铁器巫术。今天已没有人接受弗雷泽的阶段理论了。

弗雷泽观点中的心理学部分将巫术和科学与宗教对立起来，巫

术和科学假定世界是服从不可变规律的，这一观念是他和杰文斯共有的，[①]而宗教则假定了这样一个世界，其中的事件都依赖于神灵的任性。因此，当巫师和科学家这两个奇怪的同伴非常自信地演示他们的操作时，教士则在恐惧和颤栗中演示其操作。所以，从心理学的意义来说，科学和巫术是相似的，尽管其中一个碰巧是错误的，而另一个却是正确的。科学与巫术之间的这种类比只是就二者都是技术而言是有效的，几乎没有人类学家认为这种类比不是肤浅的。列维-布留尔拿近代科学与巫术相比，而不是拿同样条件下的经验技术和巫术技术相比，因而犯了错误，弗雷泽在此以同样的方法犯下了与列维-布留尔一样的错误。

然而，弗雷泽就巫术和宗教所撰写的著述并非都是谷壳，其中也有些谷粒。例如，他能以艰苦卓绝的方式证明孔多塞（Condorcet）和其他人仅仅做出断定的结论：在世界上较为简单的民族中，其统治者如何经常都是巫师和教士。泰勒曾将巫术解释为对观念的联 29
想的误用，尽管弗雷泽对这种解释几乎无所增益，但他提供了一些有用的分类法术语，揭示了这些联想有两类，即相似性的联想和联系联想，顺势疗法或模仿性巫术和传染性巫术。然而，除了阐明我们可以在巫术性的信仰与仪式中辨明某些基本的感觉以外，他并未走得太远。泰勒和弗雷泽两人都未解释清楚，为什么人们在其巫术中像他们所假设的那样误将理想的联系当作实际的联系，而在其他活动中却不这样做。而且，这么做是不正确的。正如我在别的地方

① F. B. 杰文斯：《关于希腊神话的报告》，载《民俗学》，ii, 2（1891），220页及以后。

曾经论证过的那样，[①] 这里的错误在于没有认识到这种联想是社会性的陈规，而不是心理学的陈规。而且，这些联想因此只是在持续时间有限的、特定的仪式性情景里才发生的。

关于所有这些宽泛意义上的唯理主义理论，我们必须说，如果他们是不能被驳倒的，他们也是不能得到证实的。而这乃是由于一个简单的原因，即没有关于宗教是如何产生的证据。这些理论的倡导者们试图建构的进化阶段作为一种提供未找到的证据的手段，可能具有逻辑上的一致性，但它们没有历史的价值。然而，如果我们一定要摒弃进化论（或者不如说进步论）的假设和判断，我们也许仍然要保留他们就原始人的基本理性所做的大部分论述。原始人也许并未以这些作家们假定的方式获得其信仰，但理性的因素依然经常存在着，尽管他们的观察是不充分的，推理是错误的，而且结论是错误的。这些信仰在原始人的信仰体系和习惯之内总是融贯的，能够经受住批判、怀疑，乃至实验。因此，他们的思想对于任何留心想学习他们的语言、研究他们的生活方式的人来说，都是可以理解的。

30 很多年以来，各种形式的万物有灵论理论一直未受到挑战，而且对这些年的所有人类学著作都产生了影响。仅举一例，在多尔曼（Dorman）对美洲印第安人宗教的综合性描述中，每一种信仰——图腾崇拜，巫术和拜物教——都是按照万物有灵论而得到解释的。但是，关于宗教的起源及其发展次序等问题，开始出现一些反对的声音。

① 《（英国）唯理主义对巫术的解释》，载《埃及大学文学院简报》，i，第二部分（1933），282—311。

在我们考虑批评家们不得不说什么之前，应该注意到这样一点：批评家们拥有其前人缺乏的两个有利条件。联想主义心理学或多或少是一种机械论的感觉理论，它正让位于实验心理学。而在实验心理学的影响下，人类学家便得以运用其术语，不过，他们是以常识性的方式，在这些术语的日常意义上运用之的。于是，我们便较少听到人们讨论心灵的认知功能，更多地听到人们探讨心灵的情感和意动(conative)功能及其欲望(orective)因素，也更多地听到人们谈论本能、情感、情绪。后来，在心理分析的影响下，我们又更多地听到人们谈论情结、压抑和投射，等等。而且，格式塔心理学和大众心理学也产生了影响。但是，更为重要的乃是，在19世纪的最后10年和20世纪初，人种史获得了巨大的进步。这为后来的作家们提供了极为丰富和质量更好的信息。其中包括以下人士的研究：法伊森(Fison)、豪伊特(Howitt)、斯宾塞和吉伦(Gillen)对澳大利亚土著的研究，特雷戈(Tregear)对毛利人的研究，柯德润敦(Codrington)、哈登(Haddon)和塞利格曼(Seligman)对美拉尼西亚人的研究，纽文惠斯(Nieuwenhuis)、克鲁伊特(Kruijt)、威尔肯(Wilken)、斯洛克·胡格罗列(Snouck Hurgronje)、史克特(Skeat)和布拉格登(Blagden)对印度尼西亚人的研究，曼(Man)对安达曼群岛的研究，英·特恩(Im Thum)和范·登·斯坦恩(van den Steinen)对美洲印第安人的研究，博亚斯(Boas)对因纽特人的研究，还有马多拿(Macdonald)、基德(Kidd)、玛丽·金斯莉(Mary Kingsley)、居洛德(Junod)、艾丽斯(Ellis)、登雷特(Dennet)，以及其他人在非洲所做的研究。

人们也许已经注意到，弗雷泽主张宗教是以巫术阶段为先导

的，在这一点上，他与泰勒极为不同。另外一些作家也持同样的观点。一位美国人约翰·H. 金(John H. King)在1892年出版了题为《超自然者：它的起源、性质和进化》的著作。这些观点在当时流
31 行的万物有灵论的氛围里几乎没有产生什么影响，而且逐渐被人遗忘，直到威廉·施米特(Wilhelm Schmidt)才使之复兴。金与当时的其他人一样是唯理主义者和进化论者，他有一个观点，即认为鬼神和神灵观念对于原始人来说过于复杂。这一观点是从当时的进化论思想一个基本的假定中逻辑地推论出来的，这个假定认为，每一事物都是从某个比较简单和粗糙的事物发展而来的。他认为，一定有一个早于万物有灵论的阶段，也就是马纳阶段，在这一阶段，关于运气、精明与不精明的观念是他所说的神圣者的唯一构成成分。这产生于从对物理状况和有机过程的观察出发的错误的演绎，它导致原始人假定马纳这种德性是作为事物和事件的内在属性而存在于它们自身之内的。于是便产生了符咒和魔力的思想，并出现了巫术阶段。然后，通过对梦和习得的神经状态所做的判断失误和错误的推理，便产生了鬼神观念。最后，通过接下来的一些步骤，便产生了神灵和诸神的观念，而这些各不相同的阶段都依赖于社会制度的总的发展。因此，对金来说，宗教也是一种幻觉。此外，是灾难延缓了思想和道德的进步。相信这种传说的原始人都像小孩，这里，个体发育与种系发育是对应的(这是心理学家们常说的重演学说)。

认为一定有一个比万物有灵论阶段更早而且更原始的宗教阶段的说法得到了除弗雷泽和金以外的其他作家的支持，德国的普罗斯和英国的马雷特是其中最著名的两位，他们向已经占据这一领域

许多年的泰勒的理论提出了挑战。但是，在一些情况下，这种挑战只关涉发展的时间和次序，而且在这一问题上的批评没能证明确实曾有过他们所假定的思想发展阶段。最激进和具有破坏性的攻击来自泰勒的两个学生安德鲁·兰和 R. R. 马雷特。

像他的同代人一样，安德鲁·兰是一位进化论的理论家，但是，他拒绝接受那种认为从鬼神和神灵那里能够发展出诸神的说法。他以非常健全的见识写作，尽管他有时也说些胡话。但是，部分由 32
于关于宗教起源的万物有灵论已经被当作自明的东西而得到广泛的接受，他对原始宗教的论述直到后来得到威廉·施米特的辩护之前，一直都被人们忽视。还有，由于他是一位曾写过查尔斯·爱德华王子与玛丽·斯图尔特（Mary Stuart）这类题材的浪漫派的文人雅士，因此被当作一位作家和猎奇者而受到忽视。泰勒认为，对灵魂的信仰，随后是对神灵的信仰，可能都是从心理现象（梦，等等）中产生的，而安德鲁·兰是同意这种说法的，在这种意义上，他是一位万物有灵论者。但是，他未曾准备接受这样的说法，即上帝的观念是作为后来的发展而从灵魂、鬼神和神灵观念中产生的。他指出，关于一位创造性的、道德的、慈父般的、全能和全知的上帝观念，在全球大多数原始人那里都可以见到，这一观念也许可以通过人们熟知的设计论论证得到解释。设计论论证乃是由原始人提出的一个合理的结论，即围绕着他的世界必定是由一种更高的存在所创造的。按照进化论的标准，不论这一更高的存在可能是什么，见于文化上最简单的民族中的上帝观念不可能是后来从鬼神、灵魂观念或任何其他东西那里发展而来的产物。此外，兰还宣称，在许多情况下，这些民族的最高存在无论如何都根本没有被设想为神灵，至少

不是我们意义上的神圣的神灵——“神是个灵，所以拜他的，必须用心灵和诚实拜他。”——毋宁说像我们当作某种人来谈论的东西。因此，他的结论是，上帝的观念“无须从对梦和‘鬼神’的反思中演化而来”。[①]灵魂-鬼神和上帝的来源完全不同，一神教甚至可能早于万物有灵论，尽管这种时间次序的点是永远不可能历史地得到确定的。但是，尽管他做出了这样合理的评价，他显然认为一神教更早，而且，一神教被后来的万物有灵论观念所败坏，并因此而退化。宗教思想中分别来自希伯来和希腊之源的两道溪流最终在基督教中汇合。

马雷特的论证思路则非常不同。他不仅主张有一个前万物有
33 灵论的阶段，而且在方法论的根基上，对隐藏在所有已经提出来了的关于宗教的解释之后的整个论证思路提出了挑战。他声称，原始人根本不像人们所说的那种不成功的哲学家。就早期人而言，并非观念引发行为，而是行为引发观念。“野蛮人的宗教与其说是凭空想出来的东西，毋宁说是跳舞跳出来的。”[②]对原始宗教来说，重要的是其原动力的方面，而不是其反思性的方面和从情感状态派生而来的行动。马雷特得出了这样一个结论：因此，在最早的、前万物有灵论阶段，宗教是不能与巫术区分开来的，在后来的一个阶段，巫术遭到组织化的宗教的谴责，并获得了一种指责性的含义，宗教才能够与巫术区分开来。他认为，在谈论宗教时，使用“巫术—宗教”这种说法要好一些。这种在我看来是一个不幸的说法的惯用

---

① 安德鲁·兰：《宗教的形成》，第 2 页。

② R. R. 马雷特（R. R. Marett）：《宗教的肇端》，第二版（1914 年），第 xxxi 页。

法，却被许多人类学家所接受，其中包括里弗斯（Rivers）和塞利格曼。不过，马雷特本人却喜欢将二者当作马纳来谈论。马纳是人类学家们已经纳入他们的概念性词汇中的、来自美拉里西亚语中的一个词，我相信采纳这个词已经产生了灾难性的后果。这是因为，尽管我们现在不能讨论这个非常复杂的问题，但是，很明显的是，对于马纳这个词属于其语言的那些人来说，[*]它并非意指非人格的力量——这几乎是一种形而上的概念——而马雷特和其他人，如金、普罗斯、涂尔干、休伯特和毛斯却遵循当时他们所拥有的信息，认为马纳指的就是非人格的力量。[**]按照马雷特的看法，原始人有这样一种感受，即在某些人和事物里存在着一种神秘的力量，正是这种感受的临在和缺席使得神圣与凡俗、奇迹世界与日常世界隔绝开来，此乃禁忌之功能：将一个世界与另一个世界区分开来。而且，这种感受是一种敬畏感，也就是恐惧、惊异、倾慕、感兴趣、尊敬，甚或爱的混合物。凡是激发这种情感并且被当作一种神秘事物的东西就是宗教。马雷特并未告诉我们为什么某些事物激发这样的反应而不是其他的反应？为什么在某些民族中是这样，而在别民族中却不是这样？确实，他的实例很少，而且这些实例都是非常随意地被用于论证的。

尽管马雷特认为，在这一阶段，巫术是不能与宗教区分开来的，34
他却为巫术提供了一种不同的解释，不过这种解释具有同样的情感主义论调。巫术产生于情感张力。人会被爱或恨或其他情感所左

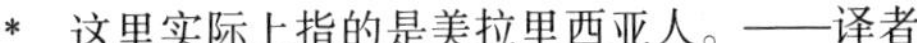

* 这里实际上指的是美拉里西亚人。——译者

** 非人格的力量亦译非人力，亦即自然力。——译者

右，既然他对此不能做任何有用的事，他便诉诸假装以缓解这种张力，正如一个人可能会将他那轻薄无信的情人的画像付诸一炬一样。这便是马雷特所说的初步巫术（威尔康德 [Vierkandt] 以同样的方式进行思考）。当这种情况充分地经常发生时，这种反应便得到稳定化，成为他所说的发达的巫术，也就是一种在社会上得到承认的习惯性的行为模式。于是，巫术师便充分意识到象征与现实化之间的差异，他知道他并不是在做真事，他知道，他以长矛瞄准远距离的敌人，同时对敌人念诵咒语，与他将长矛投向近在咫尺的敌人并非一回事儿。他像泰勒曾阐明的那样，并未误将一种理想的联系当作实际的联系。因此，正如弗雷泽认为的那样，在巫术和科学之间也没有一种真正的类比，因为原始人完全知道，在巫术性的因果联系与机械的因果联系之间，在象征性的行为与经验性的行为之间是有差别的。因此，巫术乃是在缺乏达到某一目的的实际手段的情况下的一种替代品，其功能要么是宣泄性的，要么是激发性的，它给人以勇气、安慰、希望和韧性。在其收入《哈斯丁宗教与伦理百科全书》论述巫术的文章中，[①] 马雷特对巫术性的表达方式的某些形式给予了略有不同的解释，尽管这种解释也是宣泄性的。社会生活中反复出现的情景会产生情感强烈的状态，如果它们不能在那些导向实际目的的活动中，如在狩猎、战斗、调情中得到宣泄，它们就必须在次要的或替代性的活动中，如在狩猎、战斗和调情中表演的舞蹈中得到宣泄。但是，替代性活动在这里的功能是成为剩余精力的宣泄途径。于是，这些替代性的活动就从代理一变而为经验活动

① 马雷特（Marett）：《哈斯丁宗教与伦理百科全书》，1915 年，第 8 卷。

的辅助，仍保留着其模仿形式；不过，它们实际上是回应，而不是模仿。

较之于他对理解巫术所做出的贡献，马雷特对原始宗教的论述 35
几乎没有什么积极的意义。确实，他对“神圣者”谈论得很多，我怀疑他的这些论述许多都要归功于涂尔干，但这些论述几乎相当于玩弄文字游戏。也许，他发觉他自己作为当时牛津学院的研究员处于一种模棱两可的地位。而作为一位哲学家，他是（好像）能够通过区分旨在确定宗教的起源——历史与因果关系的混合物——的社会人类学的任务和关注宗教的有效性的神学任务而摆脱这种地位的。[①] 在某种程度上，这是我们都接受的一种地位。他的结论是：“简言之，原始宗教的目的和结果是生活的神圣化，是对生存意志和有所作为的意志的刺激。”[②]

马雷特是一位才华横溢的作家，但是，这位天才的、热情奔放的、仅以一篇短文就将自己确立为前万物有灵论学派之领袖的古典哲学家却并未阐明那些需要用来支持其理论的证据的分量，他的影响和声望都没有持续很久。尽管他所说的都颇为有趣，而且其中有一些真理的成分，但是，（在谈话中）说要想理解原始人的思想，无须走到原始人中间，并生活在他们中间，牛津的教员公用室里的经验就绰绰有余，却是不够的。

现在，我要非常简单地谈论一下另外一位人文学者、一位学校校长恩斯特·克劳利丰富的作品，他的著作大多与马雷特的著作同

① 马雷特：《宗教的起源与有效性》（初印于 1916 年）和《巫术或宗教》（初印于 1919 年），收入《心理学与民俗学》（1920 年）。亦参见下一注释所引之文。

② 《宗教（原始宗教）》，见《大不列颠百科全书》，第 11 版，xix、105。

时问世。在摧毁一些当时仍然流行的错误理论，诸如群婚理论、原始共产主义理论、抢婚理论的过程中，他运用了非常健全的见识，不过，他的正面贡献却价值不大。在《灵魂观念》一书中对宗教进行讨论时，他紧随泰勒，假定神灵观念产生于灵魂观念，并在后来
36 的文化阶段演变为上帝的观念，但是，他不同意泰勒关于灵魂观念起源的说法。克劳利这样说道，泰勒在这一问题上的观念并未使我们比霍布斯或亚里士多德更进一步，从梦等现象中产生灵魂观念在心理学上是不可能的。相反，它是从感觉中产生的。原始人能够想象任何他所认识的人，当这个人不在场时，也是如此，从这种二元性中便产生了灵魂和鬼神观念。而且，还可以推论出，每一个能够形成思想性意象的事物都可以有一个灵魂。不过，无生命物体的灵魂并不像泰勒相信的那样被认为是比这些物体本身更有生命的。因此，“神灵的存在乃是思想性的存在，神灵的世界是思想性的世界”。[①] 至于上帝或诸神，它们不过是斯宾塞所说的鬼神的聚合或杰出个人的鬼神。因此，宗教是一种幻觉。

如果这些就是克劳利就宗教所撰写的一切，那么，他就能被置于唯理主义一类，而对该类所做的一般性的评述也可以适用于他。但是，在他的其他著述中，包括他的早期的并且最著名的著作《神秘的玫瑰》——我像他的一些同代人一样认为这本书不可理解——他似乎有一种更具一般性的宗教理论。原始人的全部思想习惯都是宗教性的或迷信的，因此，巫术并没有与宗教区别开来。处于无知之中的原始人生活在一个神秘的世界里，在这个世界里，他对主

① A. E. 克劳利：《灵魂观念》，1909 年，第 78 页。

观性的和客观性的实在不加区分。隐藏在他所有思想背后的动力便是恐惧，尤其是对社会关系——具体而言即是男女之间的关系中的危险的恐惧。这种感受部分是本能性的，部分可归因于一种或多或少是潜意识的观念，即非传染性的属性和品质可以通过接触而得到传导。因此，男人们在做一些生理性的活动，如吃饭、性交时，便觉得他们自己是特别脆弱的，而这正是这些活动被一些禁忌所围裹的原因。他的结论是，“所有活生生的宗教观念都是从或多或少是经久不衰的功能性的源头那里产生的，这些源头是生理性的 37
和心理性的”。[①] 他甚至谈到过“生理性的思想”，[②] 这种功能过程通过多少是有机的反射而产生关于它们的观念。在这种理论中，原始宗教实际上等同于禁忌，也就是恐惧的产物；原始人所信仰的神灵不过就是危险与恐惧的概念化。我发觉，这种立场很难与《灵魂观念》一书中关于灵魂是“所有宗教的基础”[③] 这一论述协调一致。但是，正如我已经说过的那样，我觉得克劳利不是一位头脑非常清楚的作家。然而，他的总的观点在他所有的著作中都是一样的：宗教最终只是原始人的恐惧、胆怯、缺乏原创性、无知和无经验的产物。它并非一种物自体、社会生活的一个部门，毋宁说，它是一种渗透于生活的每一部分，并且主要关乎有机生活和危机性事件的基调或精神。这种至关重要的本能和生存意志与宗教情感是完全等同的。宗教使那些能够增进生命、健康和力量的东西神圣化。如果我们要问什么是宗教情感，我们会被告知，宗教情感并非任何特别的东西，

① 克劳利：《神秘的玫瑰》，1927 年版，i，86。

② 同上书，215。

③ 克劳利：《灵魂观念》，1909 年，第 1 页。

“它不过就是导致某些东西被神圣化的任何情感的基调或品性”。[①]正如他本人所说的那样，从他的论证中可以推导出，危险越大，宗教就越多，因此，越是原始的文化阶段，就越比后来的文化阶段具有宗教性，而且，女人比男人更具宗教性。此外，上帝乃是心理—生理过程的产物。

在评述马雷特和克劳利对宗教和巫术的解释之前，让我们先进一步考虑一下一些相似的事例。

窃以为，应该就威廉·冯特（Wilhelm Wundt）说几句话，虽然他现在很少被提到，但在当时却是一位有影响的人物。他是一位折中主义的作家，不太容易给他定位。他的大众心理学的研究路径无疑影响过涂尔干，但是，基本上可以说，他的解释是心理学的、高度进化论式的，而且也是思辨性的，还有一点冗长乏味。那些指称并非直接经得起知觉检验的东西的观念，亦即他所说神话性的思想，都产生于那种“向外投射到环境之中的”[②]情感（主要是恐惧，德语词为 *Scheu*）过程。首先出现的是对巫术和守护神的信仰，直到下
38 一个进化阶段，即图腾崇拜时代，我们才有了崇拜动物这种宗教本身的发端。然后，随着图腾崇拜的式微，部落的图腾祖先便被作为崇拜对象的人类祖先所取代。于是，祖先崇拜导致英雄膜拜，而且随后导致对诸神的膜拜——这便是英雄和诸神的时代。最后一个阶段是带有宗教普世主义的人文主义时代。也许，所有这一切都应该被贴上历史哲学而不是人类学的标签。当今的人类学家读这些东

① A. E. 克劳利：《生命之树》，1905 年，第 209 页。

② W. 冯特：《大众心理学要义》，1916 年，第 74 页。

西当然觉得很奇怪。

我们现在已经到了从事田野工作的人类学家的时代，这些人类学家一直对土著人进行第一手的研究，而不是研究由其他未受过训练的观察家撰写的记述。R. H. 洛伊（Lowie）对乌鸦族印第安人的研究是对人类学一大重要贡献，他告诉我们，原始宗教的特征是“超凡感、神秘感或超自然感”[①]（注意，这些词都是大写），而宗教性的反应是“惊异和敬畏，其根源则在超自然者、超凡者、神秘者、神圣者、圣善者和神性之中”[②]（再请注意，这些词都是大写）。像克劳利一样，他认为，没有特别的宗教行为，只有宗教情感，因此，乌鸦族对死者有鬼神的信仰并不是宗教信仰，因为主体对他们来说，并不具有情感兴趣。这样，如果好战的无神论者和教士感受到了同样的情感，他们便都是宗教之士，而基督教的教条和生物进化论的理论这两者可能都是宗教教义。实证主义、平等主义、绝对主义和对理性的膜拜都同样与宗教没有差别，某国的国旗更是一种典型的宗教象征。当巫术与情感联系在一起时，它也是宗教。若不然，正如弗雷泽所说的那样，它在心理学上就相当于我们的科学。

对温勒巴格（Winnebago）印第安人的研究也颇有价值的另外 39
一位美国人保罗·雷丁（Paul Radin）持非常相同的立场。没有什么特别的宗教行为，只有一种宗教情感，这种情感也就是对某些信仰和风俗的略微超出正常程度的敏感性，“它将自身表现在一阵颤栗，一种兴高采烈、意气风发的感受之中，表现在对内在感觉的全

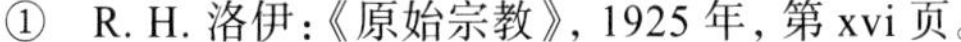

① R. H. 洛伊：《原始宗教》，1925 年，第 xvi 页。

② 同上书，第 322 页。

神贯注的观照之中”。[①]几乎任何信仰都能与这种宗教情感联系在一起，不过，它尤其与成功、幸福和长生（人们听到了威廉·詹姆斯的“重视健康的宗教 [religion of healthy-mindedness]”这一说法的回声）等价值联系在一起。在诸如青春期和死亡这类生命的诸多危机中，宗教颤栗尤其明显。当一般被认为是巫术的东西激起这种宗教情感时，那就是宗教。若不然，它就是民间传说。

现在征引最后一位卓尔不群的美国人类学家戈登威泽的话：他也认为超自然者、巫术和宗教这两个王国的特征都是“宗教性的颤栗”。[②]

作为一位田野工作者，马林诺夫斯基使得所有时代的人类学家都有欠于他，但是，他在其明晰的理论著述中所表现出的思想的原创性或独特之处却很少。他像其他人一样区分了神圣与凡俗，并由此断言，区分神圣事物的乃是其行为带着尊敬和敬畏而得以完成的。巫术与宗教的区别就在于宗教仪式没有进一步的目的，其目的是在诸如诞生礼、青春期礼和丧礼等仪式本身中达到的；相反，在巫术中，其目的的确被相信是通过仪式而达到的，而不是在诸如耕种仪式或捕鱼仪式中达到的。然而，从心理学上来说，它们是相似的，因为二者的功能都是宣泄性的。在面对生命中的诸多危机，尤其是在面对死亡的危机时，陷入恐惧和焦虑中的人会通过宗教仪式的举行而减缓他们的紧张，并消除他们的绝望。马林诺夫斯基在其后期著作中对巫术的探讨可谓是追随马雷特的部分观点，以至于无

① P. 雷丁：《社会人类学》，1932 年，第 244 页。
② 戈登威泽：《早期文明》，1921 年，第 346 页。

须对其加以赘述。像宗教一样，巫术也是在情感紧张的情况下产生 40
并履行功能的。人们没有足够的知识、借助于经验性的手段克服他们在其追求中所遇到的困难，这样，他们便将巫术用作一种替代性的活动，并由此减缓横亘在无能与欲望之间的、可能会威胁到他们事业成功的张力。因此，便有了模仿性的仪式形式，有了由渴求的目的所要求的对行为的规定。这样，巫术便会产生与经验行为将要产生的一样的主观结果，而信心也就得到了恢复，不论追求的是什么，人们正在做的事也会继续下去。这些解释被其他一些人，如德赖伯格（Driberg）[①] 和弗思（Firth）[②] 等不加批判地予以效仿。实际上，这类情感主义的解释在这一时期关注这一主题的作家们中是相当普遍的。即便是像 R. 特恩瓦尔德（Thurnwald）这样明智的原始生活的研究者，也会借助以下的说法来解释原始人误将理想的联系当作实际的联系——这是泰勒-弗雷泽的公式——即，原始人的巫术性的行为是如此充满情感，他们的愿望是如此强烈，致使他们压抑那些支配着他们生活的其他部分的更为实际的思维方式。[③] 也许，对这一观点的最佳表述——巫术是情感状态的产物，是愿望、恐惧、憎恨等的产物，而其功能则是缓解人的焦虑，并给人以希望和信心——是由一位心理学家卡维斯·里德（Carveth Read）在一本几乎完全没有引起人类学家注意的著作《人与其迷信的起源》[④] 中做出

① J. H. 德赖伯格：《家有野蛮人》，无日期（1932 年），第 188 页以下。

② R. 弗思："巫术，原始的"，见《大不列颠百科全书》，1955 年版，第 xiv 页。

③ R. 特恩瓦尔德：《巫术，一般的》，见《史前史百科辞典》，1929 年。

④ C. 里德：《人与其迷信的起源》，1920 年，各处。

的。在该书中，他在与“知觉-信仰”，亦即派生于感性知觉并且受感性知觉之支配的常识和科学的信仰形成对照的“想象—信仰”的标题下，探讨了巫术和万物有灵论。

有必要谈谈弗洛伊德的贡献，尽管要谈的很少。除了其他人以外，范·德·莱乌(Van Der Leeuw)提供了进入弗洛伊德思想的方便津梁。他说，原始人感受不到构成他们大部分思想基础的矛盾，
41 因为“一种紧迫的情感需要妨碍他们看到真相”。[①]他们只看到他们想看到的东西，巫术中的情况尤其如此。当一个人遭遇一种绝境时，他可以在以下两者之间做出选择：凭借他自己的足智多谋战胜它，或退回到自身之中，在幻想中战胜它。他可以向外或者向内，向内即是巫术的方法，或者用心理学的术语来说即是“我向思考”(autisme)。巫术师们相信，他们能够凭借词语、咒语改变世界，因此，他们属于那种格外重视思想的高贵者之流：儿童、女人、诗人、艺术家、情人、神秘主义者、罪犯、梦想家和疯子。所有这些人都试图以同样的心理机制来应付现实。

这种对思想的格外重视、相信现实的厚墙可以在思想中被突破，或者相信这堵厚墙根本就不存在的信念，就是弗洛伊德声称已经在他的精神病患者中发现，并且被称为思想的全能(Allmacht der Gedanken)的东西。巫术仪式和原始人的咒语在心理学上对应于着魔性的行为和神经过敏的保护性程式。原始人“相信他仅凭自己的思想就可以改变外在的世界”，[②]在这种意义上，神经过敏很像原始

---

① G. 范·德·莱乌：《原始人的思想结构》，载《宗教哲学史评论》，1928年，第14页。

② 弗洛伊德：《图腾与禁忌》，无日期，第145页。

人。这里，我们再次将个体发育与种系发育之间的对应置于我们面
前：个体经历三个里比多阶段，此即自恋阶段、以依赖父母为特征
的客体发现阶段和在其中个体接受现实并且使自己适应现实的成
熟状态，而这三个阶段在心理学的意义上对应于人的思想发展的三
个阶段，即万物有灵论（弗洛伊德似乎以此意指其他人所说的巫术
阶段）、宗教阶段和科学阶段。在对应于巫术的自恋阶段，无法通
过自主的活动来满足其愿望的儿童，会通过在想象中战胜困难、以
思想替代行为来进行补偿。这样，他便处于类似于巫术的心理状况
之下，而且，神经过敏很像巫术阶段，因为二者都过高地估计了思 42
想的力量。换言之，正是紧张，亦即一种剧烈的挫折感产生了巫术
仪式，其功能是缓解这种紧张。因此，巫术是人用来通过自主的幻
觉体验喜悦的愿望满足（wish-fulfillment）。

宗教同样是一种幻觉，它通过罪恶感而产生和得到维系。弗洛伊德给我们讲述了一个想当然（just-so）的、只有天才才会冒险杜撰的故事，因为还不曾有，也不可能有证据被提出来支持它。不过，窃以为，神话即使在字面和历史上是不可接受的，它也可能被说成是正确的，在这种意义上，这个故事也可以被断定为在心理学上或者事实上是正确的。很久很久以前——这个故事理应有一个童话故事般的开头——当人类还是类猿人的动物时，人群中居统治地位的父亲-男性将所有的女性都据为己有。[①] 他的儿子们起而反抗他的专制和垄断，渴望自己去取悦女性，他们在一次食人肉的宴席上将

① 这是弗洛伊德取自 J. J. 阿特金逊（Atkinson）的一种思想，阿特金逊是安德鲁·兰的堂兄。兰在 1903 年发表了《原始法律》，以补充他自己的《社会的起源》。还没有发现任何有关这个大家族的资料。

他杀死并且吃掉。这一思想是弗洛伊德从罗伯特逊·史密斯那里找到的。然后，儿子们有了一种悔恨感，并制定了禁食等同于他们父亲的图腾这一禁忌，尽管他们只是时不时地、仪式性地如此这般地做，并以此纪念和更新他们的罪过。他们还进一步规定了针对乱伦的禁令，这种禁令便是文化的起源，因为文化产生于这种克制。弗洛伊德的宗教理论包含在这种寓言性的故事之中，因为那位被毁灭的父亲也就是上帝。它也许可以被看作一种病原学意义上的神话，为在那些维也纳家庭中上演的活剧提供了一种背景，弗洛伊德曾为这些家庭的麻烦进行临床分析，他相信这些分析本质上适用于任何地方的所有家庭，因为它们产生于家庭结构本质的本身。我无须对此详加阐述。我们都知道他的观点的特征，粗俗地说，就是孩子既爱且恨他们的父母，儿子在其潜意识深处都想杀掉父亲，并占有母亲（俄狄浦斯情结）；而女儿在其潜意识深处则想杀掉母亲，并

43 被父亲所占有（厄勒克特拉情结）。表面上，是慈爱与尊敬获胜了，信心获得了，依赖也感受到了，父亲被投射、理想化、崇高化到上帝的父亲形象之中。因此，宗教是一种幻觉，弗洛伊德将其论述这一主题的著作命名为《幻觉的未来》，[①] 不过，它只是一种客观的幻觉。主观上，宗教并非如此，因为它并不是幻觉的产物——父亲是真实的。

建立在这些思路之上的解释真是没有穷尽。我从弗雷德里克·施莱特尔（Frederick Schleiter）的那部论述原始宗教的出色著作中取出了一个样本，我征引的是他对谭茨（Tanzi）的《精神病教

① 《幻觉的未来》，1928 年。

科书》所作的冷嘲热讽：

> 在流畅的节奏和均衡的隐喻中，他以卓越的修辞技巧在原始宗教和偏执狂之间建立了深刻的、根本的、永久性的对应关系。然而，那些不论是通过气质性的先见之明，还是通过更为唯理主义的论证，而倾向于在原始人的宗教中找到几分合理性与庄严的人，也许会从这样一个事实中获得几分安慰：谭茨拒绝将原始人的思想过程与早发性痴呆病患者的思想过程对应起来。[①]

巫术和宗教两者都由此而被归约为心理状态：紧张、挫折，以及这种或那种情感、情绪、情结和幻想。

我已经列举了一些对宗教作情感主义解释的事例，现在，我们该如何看待所有这些解释呢？依我之见，这些理论绝大多数都还是那种“如果我是马”式的猜测。差别仅在于，现在取代“如果我是马，我将由于这个或那个原因做马做的事”的是，“我将依据马理应有的这种或那种情感，做马做的事”。如果我们想举行原始人的仪式，我们便假定我们是处于一种情感混乱的状态，因为，要不然的话，我们的理性将告诉我们这些仪式在客观上是无用的。在我看来，支 44
持这些结论的少得可怜的证据，根本就不是由那些不仅在田野研究中提供证据，而且有机会在田野研究中检验证据的人所提出的。

这里，我们必须提出一些问题。被我所引述的作家们说成是神圣事物之特征的敬畏感究竟是什么？有人说那是一种特别的宗教情感，另外一些人则说没有什么特别的宗教情感。无论怎么说，

① F. 施莱特尔：《宗教与文化》，1919 年，第 45—47 页（见 E. 谭茨的《精神病教科书》，英译本，1909 年）。

人们如何知道一个人是否体验到了敬畏感或颤栗或诸如此类的东西？人们如何认识它，又如何衡量它？此外，诚如洛伊承认和其他人经常指出的那样，同样的情感状态也许可见于非常不同甚至相反的行为方式之中，比如说，可见于和平主义者和好战者的行为之中。唯一会导致混乱的是人类学家凭借理应伴随着社会现象的情感对社会现象进行分类，因为这样的情感状态如果真的出现的话，必定不仅因人而异，而且同一个人在不同的场合，甚至在同一次仪式的不同时刻也会有所不同。像洛伊那样将教士与无神论者置于同类是荒谬的，而断言教士在做弥撒时，除非他处于某种情感状态，便不是在举行宗教活动，那就更是荒谬了。而且，无论如何，谁知道他的情感状态是什么？如果我们想凭借假定的情感状态来划分和解释社会行为，我们委实会得出一些奇怪的结果。如果宗教的特征是恐惧性的情感，那么，一个在惊恐万状中逃离一条横冲直撞的野牛的人也许可以被说成是在举行宗教活动了。如果巫术的特征是它的宣泄功能，那么，一位完全在临床基础之上缓解病人焦虑的从医者，也许可以被说成是在举行巫术活动了。

还有一些更进一步的考虑。几乎任何人都理所当然地将其作为本质上是宗教性的仪式予以接受的许多仪式，例如献祭，当然不是在有任何引起情感上不安或神秘与敬畏感的可能的原因的情况下举行的。它们是惯例性的，也是标准化的和强制性的仪式。谈论
45 这种情况下的紧张，就像在对我们自己中的一些人进教堂给予解释时谈论紧张一样，是毫无意义的。大家公认的是，如果仪式是在危急关头如在疾病和死亡中举行的，此时引发这些仪式的事件可能会引起焦虑和悲痛，当此之际，这些情感便会出现。但是，即便是这

种情况，我们也必须小心翼翼。情感的表达是强制性的，而这正是仪式本身的一个基本部分，如在死亡和葬礼中的哭泣和表达悲哀的其他方式就是这样的，不管行为者是否真的感到悲哀。在有些社会里，会雇用专业的悲悼者。因此，如果有任何情感表达伴随着仪式，那完全不是情感引发了仪式，而是仪式引发了情感。这是一个相当于是否我们发笑是因为我们快乐，或是否我们快乐是因为我们发笑的老问题。我们进教堂当然不是因为我们正处于一种高强度的情感状态，尽管我们参与仪式可能会引发这样的状态。

再者，关于巫术的所谓宣泄功能，有什么证据证明一个人在举行农业、狩猎、捕鱼的巫术时，他感受到了挫折，或者证明如果他正处于一种紧张状态，仪式的举行会缓解他的忧伤？在我看来，几乎没有，或者说根本就没有这样的证据。不论巫师感受如何，他们都必须举行仪式，因为这些仪式乃是整个活动中的风俗性的和强制性的部分。可以恰当地说，原始人举行仪式是因为他们如此相信这些仪式的灵验性，以至于没有产生挫折的重大原因，因为他们知道他们手头有克服可能出现的困难的手段。与其说巫术缓解紧张，我们倒不如说拥有巫术会防止紧张的产生。或者，恰恰相反，这里可以再次断言，如果有任何情感状态，那完全不是仪式背后的动因，而应该是仪式的结果，也就是产生心理状况本身的姿势与咒语导致了仪式的举行。我们还必须牢记于心的是，大多数巫术和宗教都是代理性的，巫师或教士与仪式正以其名义而得以举行的人，也就是巫师或教士的委托人是不同的人。因此，理应处于紧张状态的人并 46
不是那个被聘请的漠然之士，后者的那些附加性的姿势和话语理应缓解紧张。职是之故，如果他的姿势和咒语暗示着一种高强度的情

感状态，那么，要么是这种状态必须得到模仿，要么是他必须在仪式中并且通过仪式而设法进入到这种状态之中。我还想补充一点，关于马林诺夫斯基的情况，我认为他对仪式的观察，大多数都是对那种为他而举行的、以酬劳为交换、在常规场景之外、在其寓所之中举行的仪式的观察。如果是这样，那么，就很难认为，可能有的任何情感的表现都是由紧张和挫折引起的。

此外，诚如雷丁观察到的那样，在个体的经验中，仪式与信仰的获得要先于据说在其成年生活中与这些仪式和信仰相伴相随的情感。在他体验到任何情感之前，他先学会参与这些仪式和信仰。因此，情感状态，不论它是什么，如果真的有的话，都很难成为仪式与信仰的源头和对它们的解释。仪式乃是个体出生于其中的文化的一部分，它会像文化的其他部分一样从外部将自身强加于个体。它是社会的创造物，而不是个体的理性或情感，尽管它会使这两者得到满足。正是由于这一原因，涂尔干才告诉我们，对社会事实的心理学解释一律都是错误的。

由于同样的原因，我们也必须拒斥各种愿望满足理论。这些理论在以神经过敏与巫师相比时，忽视了这样一个事实，即神经过敏的活动与程式都派生于个体的主观状态，而巫师的活动与程式则是传统性的，是由他的文化和社会，亦即他生活于其中并且必须服从于它的制度性架构的一部分社会性地强加于他的。尽管在某些情况下，在某些方面，可能会有某些外在的相似性，但不能由此推论说，心理状态等同于或产生于类似的状态。在将原始人与儿童和神经过敏等等划为一类时，错误产生于这样的假定，即由于事物在某些特定的特征上可能是彼此相似的，因此，它们在其他方面可能是

相像的。这是一种以偏概全(pars pro toto)的错误。在这些作家们 47
看来，其全部的意蕴就是，所有这些不同种类的人并不是在所有的时候都在科学地运思。而我们则会质问道，有谁曾见到过一位相信凭他的一种思想就可以改变世界的原始人？他非常清楚地知道他不能。这是“如果我是马”的另外一种变态：如果我要以原始巫师的方式行事，我会因为我的神经过敏的病人的疾病而饱受煎熬。

当然，我们并不想将这些理论弃之不顾。它们是针对那种过于唯理主义立场的一种并非不健全的反拨。欲望与冲动、意识与无意识，激发着人，引导着他的兴趣，并且驱使他去行动。它们在宗教中当然发挥着其作用，这一点不容否认。必须得到确定的是它们的本质与它们所发挥的作用。我所反对的仅是一种断定，而我所挑战的则是依据情感甚或依据受情感支配的幻觉而对宗教所作的解释。

第三章　社会学的理论

48 我已经讨论过的对原始宗教的情感主义解释带有一种强烈的实用主义味道。原始信仰和意识在理性主义的心智看来不论多么愚不可及，却都有助于原始人处理他们的问题和不幸；而且，他们因此消除压抑行动的绝望，并有助于获得信心，而这种信心又有助于个体的福祉，为他提供一种更新的生活与所有提升生活的活动的价值感。在这些理论被提出的时候，实用主义影响很大，而马林诺夫斯基的宗教与巫术理论可能直接来自威廉·詹姆斯的著作，而事实也确实如此：如果宗教有助于达到提供安慰和安全感、信心、宽慰和保证的目的，也就是说，如果宗教的结果对从中流溢出来的生活有用，那么，在实用主义真理的意义上，宗教就是有价值的，甚至是正确的。在到现在为止已经提到的关注原始思想的作家中，实用主义的方法也许是由卡维斯·里德在先前已经提到的那本书中做了最清晰的阐述。他质问道，为什么人类的思想会被宗教和巫术的观念所笼罩（他认为，巫术早于宗教，其源头应该在梦和对鬼神的信仰中探寻）呢？答案是，除了它们所提供的心理安慰以外，这些迷信在社会进化的早期阶段，在为首领们提供支持，并因此在维系秩序、行政管理和风俗等方面是有用的。宗教与巫术两者都是幻觉，但自然性选择却青睐它们。他告诉我们，图腾舞蹈“提供极好的身体锻炼，增进合作精神，是一种训练……”[①] 还有更多的结论都遵循着同样的思路。我们将会看到，关于宗教的一般社会学理论都有同样的韵味——宗教有助于社会的整合和连续，在这种意义上，宗教是有价值的。

这种关于宗教的实用主义方法要大大早于作为一种正式的哲 49
学的实用主义。比如说，社会人类学之父孟德斯鸠（不过，有人可能会将这一荣誉授予蒙田）就告诉我们，尽管一种宗教可能是错误的，它却具有非常有用的社会功能。它可能被发现是与那种它与之联系在一起的政权相符合的，因为一个民族的宗教一般都是适合于其生活方式的；而这使得一种宗教很难从一个国家输入另一个国家。因此，不应该将功能与真实性混为一谈。“当最正确和神圣的教义与社会原理不是联系在一起的时候，可能会伴随着最糟糕的结果。相反，当最错误的教义被设计得与这些原理紧密地联系在一起时，则可能会伴随着极好的结果。”[②] 即便是像孔多塞这样的启蒙运动中的极端理性主义者也承认，宗教虽然是错误的，却一度具有有用的社会功能，并因此在文明的发展过程中发挥过重要的作用。

在最早的关于人类社会的著述中，可以见到类似的社会学洞识。这些洞识有时是以当今所说的结构性术语得到表述的。亚里士多德在《政治学》中说：“所有人都说，诸神也有一位君王，因为他们自己要么先前有一位君王，要么现在有一位君王。这是因为，人不仅在形式方面，而且在生活方式方面，都是按照他们自己的形

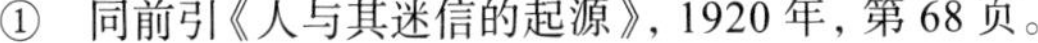

① 同前引《人与其迷信的起源》，1920 年，第 68 页。

② 孟德斯鸠：《论法的精神》，1750 年，ii，161。

象来创造神的。”[①] 休谟也说过同样的话；而在我们的一些人类学的论文中，我们也看到了这种认为政治的发展与宗教的发展紧密相关的观念。赫伯特·斯宾塞告诉我们，宙斯与天国其他诸神之间持守着一种“一位绝对君主与他是其首领的贵族之间完全一样的关系”。[②] 马克斯·缪勒则说，主神教（henotheism，我相信这个词是
50 他发明的，[③] 旨在描述这样一种宗教，其中每个神在其被祈求时，具有最高神的所有特征）兴起于国家从多个独立的部落中形成之前的时期，因为它是一种有别于帝国宗教的共同体宗教形式。金也断言，随着政治制度的发展，其各个组成部分是由监护性的诸神来代表的；而当各个组成部分结为一体时，当各个部落聚合为一个国家时，最高存在物的观念便出现了，他是（国家这个）混合物中的统治集团的保护神。最后出现了一神教，其神圣者乃是普遍的、全能的、永恒的国家的反映。罗伯特逊·史密斯通过以下的事实，对照着亚洲的一神教来解释古代的多神教：在希腊和罗马，君主政体在贵族统治面前崩溃了，而在亚洲，君主政体却经久不衰。“政治命运的这种多样性反映在宗教发展的多样性之中。”[④] 杰文斯也遵循着同样的运思路线，而这一切都显得有点天真。安德鲁·兰的著作和威廉·施米特卷帙浩繁的著作中包含着丰富的证据，这些证据表明，那些缺乏最高存在物的政治职能，因而缺乏最高存在物的政治模式

① 《政治学》，i，2，7。

② 同前引斯宾塞《社会学原理》，i，207。

③ 不过，R. 裴塔佐尼（R. Pettazzoni）的《宗教史论文集》（1954 年，第 5 页）却声称，这个词最早由谢林所使用，而这个观念后来得到了缪勒的阐发。

④ R. 罗伯特逊·史密斯：《闪米特人的宗教》，第三版，1927 年，第 73 页。

的民族，也就是狩猎者和采集者，在很大程度上都是一神论者，尽管不是在只崇拜一个神并否认其他神的意义上，但至少在一神论这个词包含的只有一个神(因为还有第二种意义上的一神论——就是所谓明确的一神论——必定有，或者一直有某种多神论的形式)的意义上，他们是一神论者。

社会学分析的其他事例可见于亨利·梅因(Henry Maine)爵士有关比较法学的著作中。例如，他以这样一个简单的事实来解释东西方神学之间的差异：西方神学与罗马的法学逐渐结合在一起，而没有哪个讲希腊语的社会“曾经表现出创制法律哲学的最小的才能”。[1] 神学沉思经历了从希腊形而上学的氛围向罗马法律氛围的过渡。但是，对宗教作了最为深刻和全面的社会学研究的当属菲斯泰尔·德·库朗热(Fustel de Coulanges)的《古代城市》。我们对这位法国(布列塔尼)史学家有特别的兴趣，因为他的一位学生涂 51
尔干深受他的影响，对涂尔干的宗教理论，我很快就要进行介绍。《古代城市》一书的主题是，古代社会是以宽泛意义上的家庭——大家庭或世系为中心的，而将这种父系集团结合为一个社团并且赋予它以持久性的乃是祖先崇拜，在祖先崇拜中，一家之长充当着教士的角色。根据死者即家庭的神祇这一核心观念，而且唯有根据这一观念，这一时期的所有风俗就都能得到理解：婚姻制度与庆典、一夫一妻制、禁止离婚、禁止独身、娶寡嫂制(levirate)、收养、父权、血统制度、世袭权与继承权、法律、财产、命名制度、历法、奴隶制和保护制，以及许多其他的制度。当城市国家发展出来时，它们也

① H. S. 梅因:《古代法律》, 1912 年版, 第 363 页。

具有与在早期这样的社会条件下由宗教形成的结构样态一样的结构样态。

在涂尔干的宗教理论中，并且还在F. B. 杰文斯、所罗门·雷纳赫（Salomon Reinach）和其他人的著作中烙下深刻印痕的另一影响是已经提到过的罗伯特逊·史密斯的著作，史密斯一度做过剑桥的阿拉伯语教授。他从斯科特（Scott）学会的一名成员J. F. 麦克伦兰（McLennan）那里摭拾了一些基本观念，假定古代阿拉伯人的闪米特社会是由母系氏族组成，每个母系氏族都与一种动物，也就是它们的图腾有一种神圣的关系。支持这些假说的证据微乎其微，但是，那是罗伯特逊·史密斯所相信的。根据他的看法，氏族的人民被认为具有一种血统，他们的图腾也是如此。氏族的神也具有相同的血统，因为他被看作创建该氏族的生物学意义上的父亲。从社会学的角度来说，神就是被理想化和神圣化了的氏族本身。这种投射在图腾动物中有其物化的表现，而氏族则周期性地表达其成员的团结以及成员与他们的神之间的团结，并且使氏族本身恢复元气，其方法是，在圣宴上杀掉图腾动物，并吃掉图腾动物的生肉。圣宴乃是一种交流，“在这种交流中，神与它的崇拜者通过一起同吃同喝神圣的牺牲品的血肉而团结在一起”。[1]而既然神、氏族的人民和
52 图腾都有同样的血统，氏族的人民在圣餐中不仅与他们的神同吃同喝，而且同吃同喝他们的神，氏族的每个成员便因此而神圣地将神圣的生命微粒吸收到了他自己的个体生命之中。后来，希伯来的祭祀形式就是从这种共享盛宴中发展而来的。支持这一理论的证据，

① 《闪米特人的宗教》，第227页。

被杰文斯狼吞虎咽而下的钓钩、钓线、钓坠，都是微不足道的。对一位接近问题之实质的长老会牧师来说，要么是罗伯特逊·史密斯本人，要么是负责《闪米特人的宗教》一书的第二版，亦即1894年的身后版（第一版：1889年）的出版人删除了某些可能被认为会使《新约》信誉扫地的段落。[①] 对于这一整套理论，对于大体上是拐弯抹角、脆弱不堪地论证这一理论的论据，人们所能说的只是，吃掉图腾动物可能是最早的祭祀形式和宗教的起源，与此同时，并没有证据证明事实就是如此。此外，在全世界关于图腾崇拜的大量文献中，只是在澳大利亚土著中有一个关于人们仪式性地吃掉他们图腾的事例，而那个事例即便其真实性得到认可，其重要性也是可疑的、有争议的。除此以外，尽管罗伯特逊·史密斯认为他的理论对原始人来说总体上是正确的，但是，当然还有许多原始人，包括最原始的人民根本就没有血淋淋的祭祀，而在另外一些原始人中，这种祭祀并不具有圣餐的意义。在这个问题上，罗伯特逊·史密斯误导了涂尔干和弗洛伊德。

在我们所知道的最早的希伯来祭祀形式中，圣餐的观念是否真的出现过，也是极其可疑的。如果真的出现过，那么，还有临在的观念，而且还有也许是更占支配地位的赎罪观念和其他观念。直率地说，罗伯特逊·史密斯实际上所做的就是对我们一无所知的闪米特人的一段历史进行猜测。他这样做在某种程度上已经使他的理论面对批评显得较安全，但是，其理论也正是因此而在同样程度上缺乏说服力和可信性。确实，它根本就不是历史理论，而是一种进

① J. G. 弗雷泽：《蛇发女怪的头》，1927年，第289页。

化理论，一如当时的所有人类学理论一样，而历史理论与进化理论之间的这种差异必须得到清楚的认识。他的进化论的偏见之显著可谓俯拾即是，而在他对原始人的宗教的唯物主义的粗糙性——也
53 就是普罗斯所说的原始无知（Urdummheit）——的坚持中，这种偏见尤为彰明较著。他因此将具体者而不是属灵的存在置于发展的开端，并且不适当地强调早期宗教的社会性，而不是其个人性；并因此揭示了所有维多利亚时代的人类学家的一个基本假设：思想和风俗中最原始的东西必定是它们自身的对立面，这里的它们自身乃是一种个人主义的灵性的烙印。

要想理解罗伯特逊·史密斯对早期闪米特宗教和对题中应有之义的一般原始宗教的研究，以及理解在很大程度上是涂尔干的分析，我们必须注意到，他认为早期的宗教缺乏信经和教义："它们完全是由制度与实践构成的。"[①] 确实，仪式与神话是相关的，但是，对我们来说，神话并不解释仪式，相反，是仪式解释神话。若然，我们就必须在原始宗教的仪式中寻求对它的理解。而既然原始宗教中的基本仪式是祭祀仪式，我们就必须在祭祀仪式（sacrificium）中寻求对原始宗教的理解。进而言之，既然祭祀是如此一般的制度，我们就必须在一般的原因中探寻其源头。

本质上，菲斯泰尔·德·库朗热和罗伯特逊·史密斯所提出的乃是一种可以称之为关于宗教起源的结构理论，它认为宗教产生于原始社会的本质本身。这也是涂尔干的路径，而除此以外，涂尔干还打算揭示宗教产生的方式。涂尔干也许是近代社会学史上最伟

① 《闪米特人的宗教》，第 16 页。

大的人物，只有将他的两个观点牢记于心，其地位才能得到肯定。第一点是，宗教对他而言是一个社会事实，也就是一个客观事实。他对那些试图依据个体心理学而进行解释的理论表示轻鄙。他质问道，如果宗教源于一种纯粹的错误、一种幻想、一种幻觉，它如何能够如此普遍而且如此持久？一种愚蠢的幻想又如何能产生法律、科学和道德？无论如何，发达的而且最典型的万物有灵论形态并不是在原始社会中发现的，而是在像中国、埃及和古代地中海地区这样相对先进的社会中发现的。至于自然主义（自然-神话学派），将 54
宗教解释为一种语言的疾病、一堆混乱的隐喻和语言对思想的行动，能够比将宗教解释为源于梦和昏睡的错误推理更令人满意吗？这样的解释与万物有灵论的解释一样是微不足道的。除此之外，一个明显的事实是，原始人对我们可能认为是给人影响最深的自然现象——太阳、月亮、天空和山岳——显然几乎没有表现出什么兴趣，他们认为这些现象的运动规则乃是理所当然的。[1] 相反，他宣称，在他认为是所有宗教中最为基本的宗教中，亦即在图腾崇拜中，被神圣化的东西绝大部分都根本不是庄严堂皇的，而是像鸭、兔、青蛙和蠕虫这样卑微的小动物，这些动物的内在品质是很少能够成为它们所激发的宗教情感的来源的。

这当然是正确的，而涂尔干当然也没有反驳这样的说法：宗教是被个体思量、感受和意愿的——社会没有体验这些功能的心智——因此，宗教是一种个体心理现象，是一种主观现象，并且能

① 霍卡特在前引《“马纳”与人》（1914 年）一书的第 99 页谈到，尽管飓风在斐济是每年都要争论的一个话题，他从未发现“有关飓风的土著理论的蛛丝马迹或哪怕是一丝宗教敬畏的气味”。

够得到相应的研究。但是，宗教仍然是一种独立于个体心智的社会性客观现象，也正因为如此，社会学家们才研究它。赋予宗教以客观性的是以下三种特性。首先，宗教是代代相传的，因此，如果在一种意义上宗教是在个体之内的，那么，在另外一种意义上，它就是在个体之外的，因为宗教在个体出生之前就已经存在了，而且，在个体死后，宗教还将存在着。个体通过出生于某一特定的社会而获得宗教，一如他如此而获得其语言一样。其次，至少在封闭的社会里，宗教是普遍的。每个人都有同样的宗教信仰和实践，而这些信仰和实践的普遍性或集体性赋予它们一种置于任何个体或确实就是所有个体之上的客观性。其三，宗教是强制性的。除了积极和
55 消极的约束以外，还是在封闭的社会里，宗教是普遍的这一纯粹的事实意味着它是强制性的。这是因为，即便没有强迫，人们除了接受每个人都同意的东西以外别无选择，因为他除了接受他所说的语言以外，没有任何别的选择。即使他要做一个怀疑论者，他也只能依据被那些在他周围的人所持有的信仰来表达他的怀疑。如果他出生于一个不同的社会，他将拥有一套不同的信仰，正如他将拥有一种不同的语言一样。这里，也许要注意的是，涂尔干和他的同事们表现出的对原始社会的兴趣也许正好产生于这样一个事实，即原始社会是，或曾经是封闭的共同体。在开放的社会里，信仰可能不是传承而来的，而且是多样化的，并且因此而较少有强制性。开放的社会很少会顺从这种根据他们追寻的思路所做的社会学解释。

必须牢记于心的第二点与宗教现象的自主性有关，这里，我将只是提一下这个问题，因为这个问题显然产生于他对宗教的论述，而我们很快会将注意力转向他对宗教的论述。涂尔干远不像有些

人所理解的那样是坚定的决定论者和唯物主义者。实际上，我倒倾向于视其为唯意志论者和唯心主义者。心智的功能若没有有机体的过程便不能存在，但是，他坚持认为，这并不意味着心理学的事实能够被化约为有机体的事实，而只是意味着它们有一种有机体的基础，正如有机体的过程具有一种化学基础一样。每一层面上的现象都有其自主性。同样地，如果没有个体心智的心理功能，就不可能有社会-文化生活，但是，社会过程超越于这些功能，社会过程通过这些功能而一如既往地运转，而且具有一种如果说不是独立于心智的，也是外于个体心智的自身存在。语言就是涂尔干所谈论的话题中的一个最佳例子。语言是传统的、普遍的和强制性的，语言有其为操这种语言的人很不明了的历史、结构和功能。而且，尽管个体对语言做出过贡献，但是，语言却当然不是任何个体心智的产物。语言是一种集体的、自发的和客观的现象。在其对宗教的分析中，涂尔干走得更远。宗教是一种社会事实，它产生于社会生活自身的
本性，在较为简单的社会里，宗教与法律、经济、艺术等其他社会 56
事实有密切的关系，这些社会事实后来从宗教中分离出来，并获得它们自身的独立存在。宗教首先是一个社会将其本身视为不只是个体的集合的方式，而是社会用来维系其团结和确保其连续性的方式。然而，这并不意味着宗教只是马克思主义者们所说的社会中的一种边缘现象。一旦通过集体行动而获得存在，宗教就会获得一定程度的自主性，并且以各种方式进行扩散。而这些方式是不能以导致宗教之产生的社会结构为参照而得到解释的，而只能依据一个系统自身中的所有其他宗教和社会现象才能得到解释。

说明这两点之后，我们展示涂尔干的观点就无须延宕太久了。

他从取自罗伯特逊·史密斯的四个基本观念开始，这些观念是，原始宗教是一种氏族膜拜，而这种膜拜就是图腾崇拜（他认为图腾崇拜和一个氏族的分支系统是自然地相互意指的），氏族的神就是被神圣化了的氏族本身，图腾崇拜是我们所知的最基本的或原始的，也就是最原初意义上的宗教形式。涂尔干此说的意思是，图腾崇拜是在具有最简单的物质文化和社会结构的社会中发现的，而如果不利用借自先前的宗教中的任何元素，就不可能解释它们的宗教。涂尔干因此同意那些在图腾崇拜中发现了宗教的起源，或至少是发现了已知宗教的最早形式的人的观点，这些人包括：麦克伦兰、罗伯特逊·史密斯、冯特、早期著作中的弗雷泽、杰文斯和弗洛伊德。

但是，有什么根据认为图腾崇拜真的就是一种宗教现象呢？弗雷泽在其晚期著作中将图腾崇拜置于巫术的范畴。对涂尔干来说，宗教属于更宽泛的，亦即神圣的范畴。实际的和理想的所有事物都属于两种对立的事物，亦即凡俗的与神圣的事物中的一种。神圣的事物可以通过这样一个事实得到明确的确定，它借助于禁令而得到保护和隔离，而凡俗的事物则是适用于这些禁令的事物。禁忌在此
57 赋予了马雷特赋予它的同样的功能。于是，“宗教信仰就是表达了神圣事物本质的表象”，而仪式则是“规定一个人应该如何在神圣对象的面前表现自己的行为准则”。[①] 这些定义包括巫术和宗教两者在内，因为按照涂尔干的标准，它们都是神圣的。因此，涂尔干便进一步提出了用来区分巫术和宗教的标准。宗教通常都是群体性或集体性的事务：没有无教会的宗教。巫术有顾客，但没有教会；

① E. 涂尔干：《宗教生活的基本形式》，英译本，无日期（1915 年），第 47 页。

巫师与他的顾客之间的关系类似于医生与其病人之间的关系。因此，我们便达到了一种关于宗教的最终定义：“宗教是由与神圣事物有关的，亦即与卓尔不群而且被禁止的事物有关的信仰与实践构成的一种自成一体的系统——这些信仰与实践将那些坚持它们的人凝聚到一个被称作教会的单一道德共同体之内。”[1] 在我看来，涂尔干的那种希伯来人传统尽管是恰当的，但却是非常强烈地在这一定义中表现出来。但是，无论如何，按照他的标准，图腾崇拜是能够被看作一种宗教的：它被禁忌所包围，而且，它是一种群体性现象。

那么，在这种图腾宗教中，被崇敬的究竟是什么样的对象呢？它并不完全是神志昏迷现象的产物，它有其客观的基础。它是对那种确实存在，不过不是崇拜者所假定的事物的崇拜。人们在这些理想的表象中崇拜的正是社会本身，或社会的某个部分。涂尔干声称，更为自然的是，一个社会拥有在人们的心智中激发神圣感所需要的所有东西。社会对他们拥有绝对的权利，并赋予他们以永恒的依赖感。社会就是可敬可畏的尊敬对象。因此，宗教就是一种观念系统，个体凭借这一系统向他们自己描绘他们属于其中的社会和他们与社会的关系。

通过以某些澳大利亚土著的宗教为实验案例——以北美印第安人的宗教为检验——涂尔干着手证明他们的理论，他认为这种宗教乃是已知的最简单的宗教形式。他为这种做法进行了辩护，而其方法则是为这样一种说法的合理性进行辩护：在对社会事实进行比较研究时，这些事实必须取自相同类型的社会，而控制得当的实验 58

① E. 涂尔干：《宗教生活的基本形式》，英译本，无日期（1915年），第47页。

则足以建立一种规律。在我看来，这种奇特的辩护不过就是忽视那些与所谓的规律相矛盾的事例。当时，人类学作家们的注意力特别被由斯宾塞、吉伦、斯德洛（Strehlow）等人对澳大利亚的研究所得出的一些发现所吸引。然而，涂尔干选择该地区进行实验却是不幸的，这是因为，按照近代标准，关于该地区土著的文献在当时是粗劣而又混乱的，现在也依然如此。

澳洲土人——他们以前是这样被称呼的——都是（存留者已经没有多少像他们以前那样生活，不过，我保留了人种史的现在时）狩猎者和采集者，他们一小群一小群地在其部落的界域内游荡，寻找猎物、根茎、果实、蛴螬，等等。一个部落是由大量这样的小群组成的，一个人除了是一个小群和小群在其界域内生活的部落的成员以外，还是一个氏族的成员，在整个澳大利亚大陆，有很多这样的氏族广泛地分布着。作为其氏族的一名成员，他与该氏族的其他成员分享着与一种自然现象——大部分是动物和植物——之间的关系。这个物种对该氏族来说是神圣的，该氏族的成员也许不能吃掉或伤害它。其他的自然现象则由每一氏族进行分类，这样整个自然便属于这个或那个氏族。于是，社会结构便为自然现象的分类提供了模式。由于被氏族作了如此这般分类的事物是与氏族的图腾联系在一起的，它们也就具有一种神圣的特征。而由于膜拜的对象又是彼此暗含的，所有的事物便都是一种单一的宗教，亦即部落宗教的同等的部分。

涂尔干敏锐地观察到，图腾动物并不是在麦克伦兰、泰勒和冯特所想象的任何意义上被崇拜的，而且，诚如我先前提到的那样，它们也不是因为其庄严堂皇的外表而被选择的。此外，具有头等意

义的并不是动物本身——它们是神圣的，这是对的，但只是在次要的意义上才是如此——而是那些被雕刻在长方形木块或被称作邱润达(churingda)的刨光的石头上、有时被凿穿并被用作牛吼的动 59
物图案。涂尔干似乎想暗示，图腾动物的被选择，确实是因为它们适合作形象化的表象的模型。这些图案首先是分布在偶像、动物和人之中的一种非人格化力量的象征，但是，不要将它们中的任何一个与它混为一谈，因为一个客体的神圣特性并不是派生于它内在的属性，而是附加到它们身上的，是添加到它们身上的。图腾乃是一种内在于世界的非人格化的神，它弥散于无限之多的事务之中，它对应于原始人中的马纳和相似的观念，如北美印第安人的瓦坎(wakan)和奥兰达(orenda)。但是，澳大利亚人并不以抽象的形式来想象它，而是以一种动物或植物，亦即图腾的形式来想象它，而这种图腾乃是“物化的形式，在这种物化的形式之下，想象力可以表现这种非物质性的实体”。[①] 由于这种实体或生命原理是在人和他们的图腾中发现的，而且对人和其图腾来说都是最本质的特性，因此，举例来说，当一位澳洲土人说乌鸦部落的人是乌鸦时，我们便能够理解他的意思了。

其次，图案还象征着部落本身。图腾既是神或生命原理的象征，又是社会的象征，因为神和社会乃是一回事。“因此，氏族的神、图腾的原理不过就是在被用作图腾的动物或植物的可见形式下被人格化并被表现给想象的氏族本身。”[②] 氏族的人民将他们的道德认

① E. 涂尔干:《宗教生活的基本形式》，第 189 页。

② 同上书，第 206 页。

同和彼此之间的依赖感，以及对整个群体的依赖感表达在图腾象征之中。人们只有通过符号才能进行交流，为了交流这种团结感，就需要一种象征、一面旗帜，而这正是由图腾为土著人提供的，因为每个氏族都将其统一性与排他性表达在它们的图腾象征之中。具体化的象征是必要的，因为“氏族是一种过于复杂的实在，不能由如此不完善的智力将其清楚地表现在它整个复杂的统一性之中”。[①] 不甚复杂的心智除非通过物化的象征，便不能将其自身设想为一个
60 社会群体。因此，图腾原理不过就是在图腾象征的物质形式下被思考的氏族。借助于氏族影响其成员的方式，氏族在成员中唤醒一种关于支配并提升他们的外在力量的观念，而这种外在的力量是由外在的事物，亦即图腾形式来表现的。而神圣者既不多于也不少于以象征表现给其成员的社会本身。

涂尔干认识到，澳大利亚土著还有一些与被贴上图腾崇拜标签的概念不同的宗教概念，但是，他认为这些概念同样也可以依据他的理论而得到解释。灵魂观念不过就是在每一个体中具体化了的图腾原理，亦即马纳，也就是被个体化了的社会。正是每个社会成员所处的社会，正是社会的文化和社会秩序才使得一个人成为人，成为一种社会性的存在，而不仅是一个动物。这是一种与个体有机体判然有别的社会性的人格。人是一种理性的和道德的动物，但是，人身上的理性和道德部分乃是社会添加在其有机部分之上的。诚如哈里逊小姐（Miss Harrison）在解释涂尔干时所说的那样，“他

① E. 涂尔干:《宗教生活的基本形式》，第 220 页。

的身体遵循自然法，而他的灵魂则受社会律令的约束”。[①] 因此，灵魂并不像泰勒等人所说的那样，是纯粹的幻想。我们是由两个不同的部分构成的，这两个部分就像神圣者与凡俗者一样是互相对立的。社会并不只是从外部和在当下驱使我们，“它以一种持久的方式将其自身建立在我们的内部……因此，我们实际上是由面对不同乃至几乎相反方向的存在所构成的，其中一种存在对另外一种施加一种实在的优越性。这就是我们所有人都或多或少清楚地想象得到的、共存于我们内部的肉体与灵魂、物质性的存在与精神性的存在之间对立的深刻意义……我们的本性是双重的，在我们之内实际上是有少量神性的，因为在我们之中有少量的这些伟大的观念，而这些观念就是群体的灵魂”。[②] 在这种解释中，没有丝毫要贬损宗 61
教或人的意思，相反，“将我们从物质力量中解放出来的唯一方法就是以集体的力量反抗它们”。[③] 于是，正如恩格斯所说的那样，人便从必然的王国上升到自由的王国了。

至于澳洲土人的神灵，涂尔干和泰勒一样认为这一观念乃是从灵魂观念中派生出来的。他相信，这些神灵看来一度就是图腾。无论如何，它们现在就对应于部落群体。许多氏族都是各以其独特的图腾象征和膜拜对象而被表现在各自的界域之内的，但它们又全都同样属于部落，并拥有同样的宗教，而这种部落性的宗教乃是在诸

① J. E. 哈里逊：《特弥斯：希腊宗教的社会起源之研究》，1912年，第487页。该书与涂尔干的《宗教生活的基本形式》出版于同一年，哈里逊小姐曾受到涂尔干早年的《宗教现象的定义》一文的影响，该文载《社会学年刊》，ii，1899年。

② 涂尔干：《宗教生活的基本形式》，第262—264页。

③ 同上书，第272页。

神中得到理想化的。大神完全就是所有图腾的综合，一如部落就是表现在部落之中的所有氏族的综合一样。而且，它在本质上也反映着部落与部落之间的社会关系，尤其是在部落性的入盟庆典和分家典礼中，其他部落的成员所给予的帮助，更是如此。因此，灵魂和神灵实际上并不存在，与此同时，它们却对应于实在，而在此意义上，它们是实存的，因为它们所象征的社会生活是非常实实在在的。

到现在为止，对澳洲人的图腾崇拜中的仪式方面还一点也没有谈及。这里，我们将到达涂尔干观点中的最核心、最模糊，也是最没有说服力的部分。同一氏族的成员，大概是为了同一部落的绝大多数成员，周期性地聚集在一起，举行仪式，以使他们与之有一种神圣关系的物种增加。由于他们可能不吃自己的图腾动物，仪式便意在使那些不排斥以这些动物为食的其他氏族获益，这样，所有的氏族便为共同的食物供应做出了他们自己的贡献。因此，土著们规定了仪式的目的，但是，外显的目的与隐性的功能并不是一回事。关于仪式的举行，涂尔干有一种社会学的解释。这些仪式的举行并不完全与土著自己对他们在做什么的想法一致，如果对他们来说，那确实是仪式的目的的话，那么这些目的看来是不确定的。涂尔干断言，被称作英提邱马（intichiuma）的仪式实际上与增加物种无关，
62 而是一种理性化，这一点可以通过以下事实得到证明：即便当一种图腾，亦即沃伦曲阿（wollunqua）是一种并不存在、却被认为是独一无二且不会再生的蛇时，仪式仍可举行；这一点还可以进一步通过这样一个事实的证明：正是这同一个据说可增加物种的仪式能够在入盟式和其他场合举行。这些仪式只是用来激发某些观念和情

感，并使现在依附于过去、个体依附于群体的。它们的被规定的目的完全是附属的、偶然的。这一点还进一步表现为：即使是在那种将物质效用归诸仪式的信念付之阙如的情况下，也并没有引起仪式的实质变化。

理性主义的宗教理论一般都将观念与信仰视作宗教的本质，而将仪式仅仅当作观念与信仰的外在表现。但是，诚如我们已经从其他人那里听到的那样，正是行为支配着宗教生活。涂尔干写道：

> 我们已经看到，如果说集体生活唤起了达到某种强度的宗教思想，那是因为它引发了一种改变心理活动之环境的欢腾状态。生命的能量被过度激发，情感更为活跃，感觉更为强烈；有的东西甚至只是在这个时候才会产生。人不认识他自己，他觉得他自己被转化了，其结果是，他改变了他周遭的环境。为了解释他所获得的特定印象本身，他将事物不具有的属性、将日常经验到的物体并不具有的非凡力量和性质归诸他正在与之进行最直接接触的事物。简言之，他将另外一个在一定的意义上除了在思想中并不存在的世界、也就是他将比实际世界更高的尊严归之于它的世界，放置在他的凡俗生活在其中度过的现实世界之上。因此，从一种两重的观点来看，那就是一个理想的世界。[1]

一个社会要想意识到它自己，要想将其情感维系在一种必要的

① 涂尔干：《宗教生活的基本形式》，第422页。

强度之上，它就必须定期地集合和集中它自身。这种集中导致了对精神生活的提升，而精神生活采取的是一组理想观念的形态。

因此，并不是仪式的被规定的目的向我们透露了它们的功能。
63 它们的真正意义在于，首先，仪式将氏族的人民集中在一起；其次，在集合的场合集体性地举行仪式可以在氏族的人民中更新其团结感。仪式产生一种欢腾，在这种欢腾中，所有个体的感觉都不复存在，人民觉得他们自己作为集体存在于并贯穿于神圣的事物之中。但是，当氏族的人民分开之后，团结感便会慢慢消退，并且必须时不时地通过另外一次集会和仪式的重复而得到恢复，在这样的集会和仪式中，群体再一次重申自己。即便人们相信仪式对事物有所作用，实际上乃是心智被施加了作用。人们将会发现，涂尔干在此并非像情感主义的作家们那样认为仪式之举行乃是为了释放某种高强度的情感状态。正是仪式产生了这种状态。因此，在这方面，它们也许可以与像丧礼那样的赎罪仪式相比，在这种仪式中，人们进行赎罪，以坚固他们的信仰，并对社会履行职责。而这一切并不是因为某种情感状态，这种状态可能完全是付之阙如的。

这就是涂尔干的理论。对弗洛伊德来说，上帝就是父亲，对涂尔干来说，上帝就是社会。如果涂尔干的理论适用于澳洲土著的话，那么，它也很适用于一般的宗教。这是因为，他认为，图腾宗教包含了其他宗教，甚至是最高级宗教的所有要素。涂尔干非常坦率地承认这一点，即适用于甲者亦适用于乙。如果澳洲人的神圣观念、灵魂观念、上帝观念能够得到社会学的解释，那么，原则上，同样的解释对于在其中发现同样的观念具有同样的本质属性的所有人来说，也是有效的。涂尔干最焦虑的是，不会被指责为只是重述

了历史唯物主义。在解释宗教本质上是社会性的这方面，他的意思并不是说，集体意识只是其形态学意义上的基础的附带现象，正如个体意识并不只是神经系统的开花结果一样。宗教观念乃是通过集体活动中的个体心智的综合而产生的，但是，一旦产生了，他们便拥有了自己的生命：情感、观念和意象“一旦产生，便会遵循它们自己的所有规律”。[①] 情况依然是，如果涂尔干的宗教理论是正确的，显然不会有人再接受宗教信仰了。然而，根据他的揭示，宗教 64
是通过社会生活的活动本身而产生的，并且对社会生活的持续是必不可少的。这便将他置于进退维谷的境地，而他为了摆脱这一境地所能说的只是：属灵意义上的宗教是命中注定的，而世俗的集会可能会产生具有同样功能的观念和情感。为了支持这一观点，他将崇拜祖国、自由、平等、博爱和理性的法国革命引为例证。难道法国革命不正是在其最初的年代将这些观念变成了神圣之物，变成了诸神，并将社会变成了神吗？他像圣西门和孔德一样，希望并且预期着，随着属灵宗教的衰落，一种人文主义的世俗宗教将会取而代之。

涂尔干的观点不只是简洁明晰的，还是才华横溢的、充满想象力的、几乎是理想化的。他对宗教的心理法则具有一种洞识：自我的泯灭、个性的克制、自我的无意义，甚至不存在，它只是某种更伟大的、不同于自我的事物的一部分。但是，恐怕我们必须再一次说，那也是一个想当然的故事。图腾崇拜可以是通过群居生活产生的，但是，没有证据证明确实如此。而正如涂尔干的理论所暗含的那样，其他的宗教确实可以从图腾崇拜或涂尔干所说的图腾原理中

① 涂尔干：《宗教生活的基本形式》，第 424 页。

发展出来，但是，还是没有证据证明确实如此。可以认为宗教观念必定与社会秩序具有某种关系，并且在某种程度上与经济、政治、道德和其他社会事实是一致的，甚至可以认为，宗教观念是社会生活的产物，因为没有社会便没有宗教，更不用说任何思想或文化了。但是，涂尔干所宣称的要远比这多得多。他是在声称：神灵、灵魂和其他宗教观念与意象是社会或社会的部分的投射，而且产生于那种引发了欢腾状态的环境。

我的评论应该少而简短。可以提出各种逻辑的和哲学的反驳，但是，我宁愿将这一诉讼案例建立在人种史的证据基础之上。难道这种证据会支持他所作的那种僵化的神圣与凡俗的二分法吗？我
65 对此表示怀疑。他所说的“神圣”与“凡俗”肯定处于经验的同一层面之上，而且，它们远不是可以互相隔绝的，它们是如此紧密地相互交织在一起，以至于难分难解。因此，不论是对个体性的活动还是对社会性的活动来说，“神圣”与“凡俗”都不能被置于彼此互相否定、进入另一个就得离开这一个的封闭的活动范围之内。例如，当像疾病这样的不幸被相信是由于某种错误导致的时候，生理的症状、受难者的道德状态和灵性的干预便形成一种整体性的客观经验，并且很难在心智中被彼此分离开来。我对这种公式的检验是一种简单的检验：它是否能够被分解成允许接受田野研究中的观察之检验的若干问题，或至少能够对划分观察所得的事实有所帮助。我从未发现神圣与凡俗的二分法对上述两个目的中的任何一个有多大的用处。

这里，也许还要说明的是，涂尔干的定义没有考虑到情境的灵活性，“神圣事物”只是在某些情境和场合中才是神圣的，而在别

的情境和场合就不是神圣的。这一点前面已经提到过。这里，我只举一个例子。詹德人（Zande）的祖先膜拜对象是一个立在其庭院中央的有中心的、圆形神龛，每逢节庆或其他场合，供奉的物品就放在这些神龛中。但是，在不用于仪式的时候，詹德人可以说只是将它们用作放置他们长矛的便利的支撑物，或者对它们毫不在意。再者，借助于禁令而对“神圣”所做的界定对大多数民族来说也许确有其事，但并不像涂尔干所假定的那样是普遍有效的，如果我相信尼罗河人的复杂的祭祀仪式的参与者或其中的一些人并不服从任何禁令是正确的话。

关于被征引的澳大利亚人的证据：涂尔干的观点的弱点之一在于这样一个明显的事实，即在澳洲土著中，首先是小群，然后是部落，而不是广泛分布的氏族，才是社团性的群体。因此，如果宗教
的功能是维系这些最需要一种统一感的群体的团结，那么，就应该 66
是小群和部落，而不是氏族，才应当举行产生欢腾的仪式。[①] 涂尔干看到了这一点，并试图借助这样的回答来回避之：正因为氏族缺乏凝聚，既没有首领，也没有共同的疆域，定期的集中才是必要的。这一回答在我看来是不充分的。通过仪式来维系那些并不是集体的、在仪式之外就没有任何共同活动的社会群体的团结，有什么意义呢？

涂尔干选择了在图腾崇拜的证据基础之上，而且几乎完全是在

① 应该说明的是，用于澳洲土著的政治组织的术语不只是含混的，还是混乱的。很难准确地了解“部落”“氏族”“民族”“小群”和“家庭”等等的含义是什么。参看 G. C. W. 惠勒（Wheeler）：《澳洲的部落和部落之间的关系》，1910 年，各处。

澳洲人的图腾崇拜的证据的基础之上来论证他的观点。然而，澳洲人的图腾崇拜是一种非常不具典型性、高度专门化了的图腾崇拜，从中得出的结论即便是准确的，也不能被认为对一般的图腾崇拜是有效的。此外，在整个澳大利亚，图腾现象绝不是完全一样的。涂尔干在选择其资料时，是有高度选择性的，他主要将自己局限于澳大利亚中部的资料，而且绝大部分是阿伦塔（Arunta）人的资料。他的理论没有考虑这样一个事实：在澳大利亚大陆的其他地方，英提邱马仪式看来是具有非常不同的意义的，而且并不是一样重要的，有些地方甚至根本就没有这样的仪式。再者，其他民族的图腾崇拜缺乏涂尔干最为注重的特征，诸如集中、庆典、神圣的对象、图案，等等。辩称其他地方的图腾崇拜是一种更为发达的制度，或这种制度处于衰落之中，是一种我们不能容许的遁词，这是因为，没有办法了解有关澳大利亚或任何其他地方的图腾崇拜历史的任何情况。断定澳大利亚的图腾崇拜是图腾崇拜的原初形态，是非常武断的，而且，它是建立在这样一个假设的基础之上的：最简单的宗教形式必定是由拥有最简单的文化与社会组织的人民所持有的。然而，即便我们接受这一标准，我们将不得不说明这样一个事实，即有些像澳大利亚人一样在技术方面不发达、只有比较简单的社会组织的狩
67 猎和采集民族，并没有图腾（或氏族），或者，他们的图腾对他们并没有重要性，但是，他们却有宗教信仰和仪式。也许还需要指出的是，在涂尔干看来，图腾崇拜本质上是一种氏族宗教，是这种社会分支的产物。因此，哪里有氏族，它们便是图腾性的；哪里有图腾崇拜，社会便有一种氏族组织。在这一假设中，涂尔干犯了错误。这是因为，有些民族有氏族，却没有图腾；而有些民族有图腾，却

没有氏族。[1]事实上，诚如戈登威泽已经指出过的那样，涂尔干关于澳大利亚人的社会组织是建立在氏族的基础之上的论断，与人种史的证据是完全相反的，而这一点本身就使得他的整个理论颇成问题。[2]于是，由于强调图腾动物的形象化的表现方式，涂尔干也使得他自己遭到了这样一些具有破坏性的观察事实的攻击：大多数的图腾实际上并未得到形象化的表现。我们还必须说明的是，证明澳大利亚人的神乃是图腾综合的证据，真是少之又少；尽管这种说法是试图摆脱其尴尬境地的一种聪明的尝试。我们有时只好报之以一声叹息——如果泰勒、马雷特、涂尔干和所有其他的人能够在这些他们就其随便进行写作的民族之中生活几个星期，那该有多好！

我已经提到一些论点，这些论点在我看来足已对涂尔干的理论提出怀疑，如果说不是完全使涂尔干的理论无效的话。还可以征引更多的论点，这些论点可见于范·耿内普（Van Gennep）极具破坏性的批评，这种批评更加强劲有力和尖酸刻薄，这是因为涂尔干和他的同事们排斥和忽视他。[3]不过，在仓促转向对与我们已经讨论过的这种理论建构密切相关的一些理论建构的检视之前，我必须对涂尔干关于图腾崇拜以及一般宗教起源的理论作一点最后的评论。这种理论与他自己的社会学方法准则是矛盾的，因为基本上，它是对社会事实提供一种心理学的解释，而他自己曾规定：这样的解释

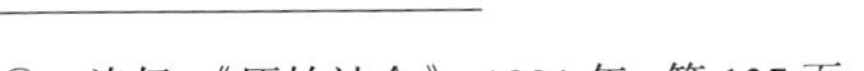

① 洛伊：《原始社会》，1921年，第137页。

② 戈登威泽：《宗教与社会：对涂尔干关于宗教的起源与本质的理论的批判》，载《哲学、心理学和科学方法学刊》，xii（1917）。

③ A. 范·耿内普：《图腾问题的现状》，1920年，第40页以下。

68 一律是错误的。对他来说，将鄙视倾注到那些从运动神经的幻觉中推知宗教的人身上，是完全合适的，但是，我要争辩的是，这正是他自己所做的事。再多的玩弄像“情感强度”和“欢腾”这样的词语也掩盖不了这样一个事实：他是从被聚集成小群的个体的情感兴奋中、从一种群体性的歇斯底里中推知澳洲土人的图腾宗教的，我们先前提出的一些反对意见和对涂尔干提出的反对意见，在此也必定是站得住的。有什么证据证明澳洲土人在举行他们的仪式时，是处于某种特定的情感状态的呢？如果他们是处于某种情感状态的，那么，情感显然像涂尔干本人所声称的那样是通过引发他们的仪式和信仰而产生的，这样，引发情感的仪式和信仰就不能令人信服地被引证为情感的产物。因此，高强度的情感，不论它可能是什么，而且如果有与仪式相关的特定的情感状态，其在仪式中确实能够成为一种重要的因素，因为情感为个体赋予仪式以更深刻的意义，但是，情感很难成为对作为一种社会现象的仪式的充分的因果解释。这种论证像许多社会学的论证一样，是一种循环论证——鸡生蛋还是蛋生鸡。仪式产生欢腾，欢腾产生信仰，信仰导致仪式的举行；或者，难道是仅仅聚集在一起就产生了这一切？涂尔干基本上是从大众心理学中引申出一种社会事实。

确实，从涂尔干的理论到对宗教作生物学的解释，其间的路程并不太长——不过，如果涂尔干听到这样的说法，一定会大为惊异——特罗特（Trotter）好像就提供过这样的生物学解释：宗教是兽群本能，亦即群居本能的副产品，这种本能乃是在人类生活中显得非常重要的四种本能之一，另外三种本能是自我保护本能、摄取食物的本能和性本能。我说这是特罗特好像提供过的观点，是因为他

在这一论题上并不十分准确：对群体亲密的依赖“迫使个体向外追
求某种比他自身更宏大的存在，在这种无所不包的存在中，他的复
杂的问题也许可以找到一种解决的方法，也许能获得他所渴望的宁 69
静”。[①]不过，特罗特的著作与其说是一种科学研究，倒不如说是一种道德性的辩论。然而，人们也许会注意到其中有那种充溢于涂尔干著作中的同样的理想主义（社会主义）的热情。

见于涂尔干的著作中的一些观念得到了他的同事、学生以及其他受其影响的人的阐发。如果说我只是检视了其中的一些，而且做得很粗略，那是因为这些演讲旨在展示看待一个论题或问题的不同方法，而不是想提供一种全面的观念史，或完全的论述这一问题的作者目录。发表于由涂尔干创办和编辑的学术刊物《社会学年刊》上的最著名的论文之一是涂尔干的外甥马赛尔·毛斯（Marcel Mauss，与伯夏（M. H. Beuchat）合作）对有关爱斯基摩人的文献研究。[②]这篇论文的一般主题是证明涂尔干的下述观点：宗教是社会集中的产物，并且通过定期的社交活动而得以常葆活力，以至于使得时间与事物一样具有神圣和世俗的维度。我们无须详细讨论，介绍下面的情况就够了：他展示了爱斯基摩人在一年中的海里无冰的时候（夏季）如何分散成住在帐篷中的小型家庭组织。在结冰的时候，他们再也不能追寻猎物了，他们便在住在长房子中的、更大和更集中的组织里消磨一年中的这部分光阴（冬季）。许多不同的家

① W. 特罗特：《战争与和平中的群体本能》，第 5 次印刷，1920 年，第 113 页。

② M. 毛斯：《论爱斯基摩人社会中的季节变化：一种社会形态学的研究》，《社会学年刊》，ix, 1906 年。

庭共享一个公共的房间，这样，人们便卷入一套更为广泛的社会关系之中，社会秩序也因此而不仅具有不同的比例，还具有不同的安排或秩序或结构，这是因为，每当此时，共同体并不只是为了方便而生活在一起的许多家庭，而是一种新的社会组织形式，其中个体在不同的范式基础之上彼此关联。伴随着这种变动不居的范式，我们看到了一套不同的、适合于它的法律、道德和一般的风俗，它们
70 在分散期间并不发挥作用。正是在这些更大的组织形成之际，年度性的宗教仪式才得以举行。因此，可以认为，爱斯基摩人对涂尔干的理论是一个确定性的例证。[①]

不论这种讲解是多么巧妙，它所要证明的无非就是：对于宗教仪式的举行来说，闲暇和参与到仪式之中的足够多的人是必不可少的。此外，这一个案非常不同于澳大利亚土著的情况，在澳大利亚，氏族的人民定期聚集在一起，以举行其图腾崇拜的仪式。而爱斯基摩人则是因为不同的原因而聚集在一起，而且，他们只是为了生活必需品才分散的。毛斯像涂尔干一样认为，在控制得当的实验基础之上，可以形成一种规律，但是，这样的公式并不是规律，而只是一种假说。我本人也碰巧研究过一个民族，即鲁尔人（Nuer），在他们那里，更大的集中期间并不是举行仪式的时候，其原因主要是为了方便。

在另外一篇发表于《社会学年刊》的论文中，毛斯和那位杰出的历史学家亨利·休伯特一起较早地将巫术与宗教区分开来，一如

① 毛斯的论文之出版早于涂尔干的《宗教生活的基本形式》，但是，涂尔干之提出他的观点要早于该书。舅甥二人的研究和著作互相缠绕，以至于不可能将它们分解开来。

涂尔干所做的那样，并对神圣事物中的巫术性部分，也就是涂尔干在其《宗教生活的基本形式》一书中没有讨论过的那个部分，做了详尽的研究。[①] 同是这两位学者还在同一刊物上发表了他们对《吠陀》和希伯来祭祀的出色的研究成果。[②] 但是，尽管该文很出色，其结论却是难以令人信服的社会学形而上学的玩意儿。神乃是共同体的表象，它们就是被理想化地、富于想象力地设想的社会。因此，祭祀中的克己培育着社会性的力量——精神与道德能量。祭祀是个体用来认识社会的去欲克己的行为，它向各人的良心召唤由他们的神所代表的集体力量。但是，尽管暗含在祭祀中的去欲克己的行为之作用在于维持集体的力量，个体却在同一行为中获得益处。这是 71
因为，在该行为中，社会的整个力量被传授给他，而且，它还提供调节已经被搅乱了的平衡的手段。社会谴责是过错的结果，通过抵赎这种谴责，人可以使自己得到解脱，并重新进入共同体。这样，祭祀对个体和集体两者的社会功能便得以履行。在我看来，所有这一切都不过是十足的、没有引证任何令人满意的证据的断言、猜测和抽象概念具体化的大杂烩。它们都不是从对祭祀的机制、对也许可以说是祭祀的逻辑结构，甚或是祭祀的语法的出色分析中得出的结论，而是独断性的结论。

我还要提一下由《社会学年刊》小组的一名年轻成员罗伯特·赫茨（Robert Hertz）撰写的两篇值得注意的论文，以之为社会

① H. 休伯特（H. Hubert）和 M. 毛斯：《一种关于巫术的一般理论之草案》，载《社会学年刊》，vii，1904 年。

② H. 休伯特和 M. 毛斯：《论祭祀的本质与功能》，载《社会学年刊》，ii，1899 年。

学方法的例证。在其中的一篇论文中，他把涂尔干的神圣与凡俗的二分法与由双手代表的左右观念联系起来，这一观念在全世界都代表着对立，右代表着善、美德、力量、雄性、东方、生命等，左则代表着相反的东西。另外一篇论文则试图解释为什么如此之多的民族不仅有可以理解的对死者的处置，而且有两次性的处置死者的丧葬仪式，这一风俗尤其盛行于印度尼西亚。尸体首先被单独放置在一个临时性的住所，静放于此，直至腐烂分解，这时，尸骨会被收集起来，置放在“家族性”的纳骨处。这一程序以分解的尸体的物化象征代表着死者的灵魂从阳世迈向阴间的漫长过渡，从一种状况向另一种状况的转换，而这两次移动又对应于第三次移动，即生者从对死者的依恋中解脱出来。在第二次葬礼中，上面所说的三次移动便达到一致的高潮和终点。它们实际上都是一个单一的过程，即社会适应它的一个成员丧失的不同方面。这是一个缓慢的过程，因为死亡不论是一个物理事实，还是道德事实，人们都不容易使自己屈从于它。

72 在英国，关于宗教的社会学理论，尤其是涂尔干式的理论，极大地影响了一代人文科学的学者——吉尔伯特·默里(Gilebert Murray)、A. B. 库克(Cook)、弗兰西斯·孔弗德(Francis Cornford)等——以集体情感和思想来解释希腊宗教并以此推而广之地解释所有宗教的珍尼·哈里逊(Jane Harrison)就清楚地承认这一点。宗教乃是由仪式活动引发的欢腾的产物，是群体情感、亦即群体性的心醉神迷(thiasos)的投射。尽管她坦承，野蛮人“使我厌烦恶心，我却不得不花很长的时间研读有关他们的乏味活动的记载”，不过，她还是将假设性的澳洲土著的思想移植到希腊土壤之上。在她那里，我们可以在希腊的形态里发现所有陈陈相因的佳言妙语。圣礼“只能依据图腾思维才能得到理解……”[①] 希腊的宗教现象“依赖于，或者不如说表达和表现了崇拜者的社会结构”。[②]“社会结构和将其自身表达在社会结构之中的集体良心构成所有宗教的基础。”[③]“酒神宗教是建立在心醉神迷这种集体情感的基础之上的，它的神是对群体团结的投射。费拉尔(Verrall)博士在其论《欧里庇德斯悲剧中的酒神崇拜》的论文里，以一种有点犀利而又发人深思的译解切中了要害，他说：‘被发动起来了的人的狂喜’，本质上在于这样一点：‘他的灵魂被会众化了’”。[④] 人们还会集体性地对宇宙作出回应：“我们已经发现，人的情感会将其自身扩展、投射到自然现象之中，我们也已经注意到，这种投射是如何在他那里产生马纳、奥伦达(orenda)这样的观念的”[⑤](这些观念相当于希腊人的力量[kratos]和力[bia]的观念)。图腾崇拜是“人类思想必须经过的一个集体思维的时期或阶段”。[⑥] 圣礼与祭祀两者都只是“对我们已经同意称之为巫术的马纳进行控制的特殊形式”。[⑦]“因此，宗教自身之内有两个要素，即社会风俗、集体良心和对集体良心的强调与表现。简言之，宗教自身之内有两个持久地联系在一起的因素：仪式，73
此即风俗、集体行为，以及神话或神学，此即对集体情感与集体良

① 前引哈里逊书，第 xii 页。
② 同上书，第 xvii 页。
③ 同上书，第 xviii 页。
④ 同上书，第 48 页。
⑤ 同上书，第 73—74 页。
⑥ 同上书，第 122 页。
⑦ 同上书，第 134 页。

心的表现。而至关重要的一点是，此二者是重叠的、有约束性的和相互依赖的。”①

涂尔干理论中的缺陷主要应归因于他对宗教的发生、源头和原因的探寻，这些缺陷在另外一位也曾向涂尔干鸣谢的人文学者弗兰西斯·孔弗德的著作中得到了重点强调，如果说他的著作中还有更多别的东西的话。对他来说，在最原始的共同体内，个体除了是有机体以外，也是可以忽略不计的。在别的方面，只有群体才算数。自然世界是按照社会群体的结构范式而得到分类的。至于这种或那种宗教、灵魂和神则只是对同一结构的表现。在两种情况下，自然被思考的方式和宗教性信仰、思想范畴都是集体心智的投射。灵魂是群体的集体灵魂，它就是社会本身，而社会既是在其个体成员之内的，也是在其个体成员之外的。而尽管社会的个体成员会死亡，但是，社会本身却是不朽的，因此，社会是不朽的。当获得一定程度的政治复杂性、个体化和精制化时，便会从灵魂观念中发展出关于神的表象。然而，所有的宗教表象终究都是一种幻觉，孔弗德称之为群体暗示（herd-suggestion）。所以，他的结论是："最早的宗教表象都是集体意识本身的表现——集体意识乃是唯一能够逐渐被感受为自外部强加的，并因此需要得到表现的道德力量。"②

尽管社会学的，尤其是涂尔干的宗教研究路径在提出新的方式以考察古代人文事实方面，是有价值的，必须承认的是，我已经征引的那些论述都不过是猜测，它们确实已经远远超出了合法猜测

① 前引哈里逊书，第486页。

② F. M. 孔弗德：《从宗教到哲学》，1912年，第82页。

的界限。按照批评标准，支持这些论述的证据既是贫乏的，也是可疑的。

在海峡此岸，原始宗教的社会学解释的更为晚近的主要阐释者 74
是英国的涂尔干主义者 A. R. 拉德克利夫-布朗(Radecliffe-Brown，不过，我相信他要同样或更多地感谢赫伯特·斯宾塞)。[①] 他试图重申涂尔干关于图腾崇拜的理论，以使之更具综合性，[②] 不过，在我看来，他在这么做的时候，完全是在胡说八道。他希望阐明，图腾崇拜只是普遍存在于人类社会中一种现象的特殊形式，普遍的规律是，任何对一个社会的物质或属灵的福祉具有重要影响的物体或事件，都有变成仪式性态度的对象的趋势(这是一种可疑的概括)。因此，那些为了生存而依赖于狩猎和采集的人便对那些对他们最为有用的动物和植物有一种仪式性的态度。当社会分化发生时，从这种一般性的态度中便产生了图腾崇拜。在拉德克利夫-布朗对图腾崇拜的探讨中，他绕开了涂尔干以大众心理学对图腾崇拜产生所做的解释；但是，在别的地方，比如说，在他对安达曼群岛上人民的舞蹈的解释中，他又采取了与涂尔干非常相同的立场。[③] 他告诉我们，在舞蹈中，个体的人格服从于由共同体强加于他身上的行为，而个体的行为和情感的和谐一致则为共同体带来了为其每个个体成员都强烈地感受到了的、最大限度的团结与和谐。在安达曼人当中，

---

① 在评估拉德克利夫-布朗的立场时，了解以下情况是很重要的：他是在熟知涂尔干著作之前，就完成了他在安达曼群岛的研究，但在涂尔干著作的影响下发表了他的研究成果。

② A. R. 拉德克利夫-布朗：《关于图腾崇拜的社会学理论》，第四届太平洋科学大会，爪哇，1929 年，iii，生物学论文，第 295—309 页。

③ A. R. 拉德克利夫-布朗：《安达曼群岛上的人民》，1922 年，第 246 页以下。

情况可能是这样，也可能不是这样。但是，在我最早的一篇论文中，我觉得有义务反对将其作为一种普遍化的判断予以接受，因为我在中非观察到的舞蹈都是不和谐的最常见的诱因之一，而我在随后的经验更坚定了我年轻时的怀疑。链条可以通过其最薄弱的环节得到检验。我们在拉德克利夫-布朗的著述中看到了对宗教现象的这类社会学解释是多么不令人满意。在他最后的公开演讲之一，即亨
75 利·迈雷斯（Henry Myres）演讲中，他声称，宗教在任何地方都是对外于我们的属灵的或道德的力量的依赖感的表达：当然，施莱尔马赫和其他哲学家分道扬镳了，这是他的任何布道集中的一句口头禅。但是，拉德克利夫-布朗是在尝试着建构一种远远超出这种相当含糊的一般性陈述的社会学论述。如果涂尔干的观点要得到证明，就必须证明神圣的观念是随着不同的社会形式而变化的，而涂尔干并未承担这一任务。因此，拉德克利夫-布朗断言，既然宗教有维系社会团结的功能，它就应该在形态方面随着社会结构的类型而变化。在有血亲制度的社会里，我们也许有望发现祖先崇拜。希伯来人和希腊罗马的城邦国家有与其政治结构类型一致的国家宗教。这实际上是像涂尔干所说的那样，断言宗教所假定的实体不过就是社会本身，而这种推论最多不过是看似有理的。在其不再是具有不证自明性的论述的地方，它通常只会与事实相左：例如，祖先崇拜便通常是那些缺乏血亲制度民族的宗教，许多非洲民族中的情况就是如此。而关于血亲制度的最佳事例则是贝都因阿拉伯人，他们都是穆斯林。难道基督教和伊斯兰教没有被那些具有不同社会结构的民族所接受吗？

对我们正在考虑的所有这类社会学的（或者应该说是唯社会学

的？）解释，都有严肃的反对意见，其中绝不是因为不充分的资料经
常被弄错而且很混乱，这一点，我在前面已经指出过。这里，我们
不得不再次强烈主张，反面的事例不能完全被忽视。它们必须按照
被提出的理论得到解释，要不然，理论就必须被抛弃。那些有氏族
但没有图腾的原始民族，那些相信灵魂存在但没有第二次丧葬礼仪
的民族，那些并未将右向与优秀的道德品质联系起来的民族，那些
有血亲制度但没有祖先崇拜的民族，等等，都怎么样？当所有的例
外都被记录在案并多少得到了解释时，这些理论剩余的部分就都不 76
过是具有泛泛而谈、含糊不清特点的，看似有理的猜测，以至于它
们几乎没有什么科学价值。由于它们在最终的分析中既不能得到
证实，也不能被否证，因此，没有人知道该如何对待它们，有鉴于
此，它们就更是没有什么科学价值了。如果有人想检验涂尔干和毛
斯关于宗教的起源和意义的理论，这种理论如何能得到证实，或者
被证明是错误的呢？如果有人想挑战赫茨对双重葬礼的解释，这种
解释如何能得到支持，或就此而言被证明是不正确的呢？人们如何
知道宗教是维系还是不维系社会的团结呢？所有这些理论都可能
是正确的，但它们同样也可能是错误的。它们可能看上去是冠冕堂
皇、前后一致的，但它们倾向于使进一步的研究显得毫无价值，这
是因为，就这些理论超越了对事实的描述并对这些事实提供解释而
言，它们不会轻易允许实验性的检验。如果能够从历史的角度证
明，不仅社会结构中的变迁会引起宗教思想中相应的变迁，而且那
是一种规则性的对应关系；或者，如果能够证明，某一类型的所有
社会都有类似的宗教制度——这对列维-布留尔来说是一个公理，
而他对这种探讨的贡献将是下一演讲的主题——那么，认为宗教与

某种社会结构相伴相随，或认为宗教是某种社会结构产物的假说，也只会有一种高度的或然性。

在结束本次演讲时，也许要附带地注意一下我们已经谈论过的一些理论与马克思主义作家们的理论，或其中的一些理论之间所具有的相似性，后者以多种方式提出了最为直截了当而又简洁的社会学观点的阐释。宗教是一种社会性的“上层建筑”，它是对社会关系的“镜射”或“反映”，而社会关系本身则是建立在社会的基本经济结构的基础之上的。“神灵”“灵魂”等观念产生于这样一个时代，当时有氏族领袖和族长，“换言之，当时的劳动分工导致了管理工作的分化”。[①]因此，宗教起源于祖先崇拜，即对氏族长辈的崇拜：在源头上，宗教乃是“对生产关系（尤其是主人和奴隶的关系）
77 以及受到生产关系限制的社会政治秩序的反映”。[②]所以，宗教总是倾向于采取社会的经济—政治结构的形式，尽管在它们彼此之间的调适中可能会有时间上的滞后。在一个由多个联系松散的氏族所构成的社会里，宗教会呈现为多神教的形式；在有一种集权化的君主制度的社会里，就会有一个单一神；而在一个可持有奴隶的商业共和国里（如在公元6世纪的雅典），诸神就会被组成一个共和国；等等。说宗教观念只能产生于经验，而社会关系的经验必定为这些观念提供一种模式，这当然是正确的。这种理论可能会，至少在某些时候能说明宗教所采取的观念形式，但不能说明其起源、功能和意义。总之，不论是人种史，还是历史（例如，像布哈林所断定的那

① N. 布哈林（N. Bukharin）：《历史唯物主义——一种社会学体系》，1925年，第170页。

② 同上书，第170—171页。

样，说宗教改革运动中所有的王公贵族都是站在教皇一边的，是很不正确的[①]）都不会支持这种观念。

虽然我在此不能更进一步地讨论这一问题，但我愿意指出，尽管法国的社会学学派与马克思主义的理论家们着装不同，但他们在研究社会现象的一般路径上却大有共同之处。尽管后者将涂尔干视为资产阶级的唯心主义者，涂尔干却极有可能会写下马克思的那句著名的格言：不是人们的意识决定了他们的存在，而是人们的社会存在决定了他们的意识。布哈林以明显赞同的口气征引过我们在下一次演讲中将要谈论的列维-布留尔的话。

① N. 布哈林：《历史唯物主义——一种社会学体系》，1925 年，第 178 页。

第四章　列维-布留尔

78　任何对原始宗教的各种理论所做的描述，若不对列维-布留尔就原始思维所撰写的卷帙浩繁的著述给予特别的、单独的关注，就都可能是不充分的。所谓原始思维，是从他的一部著作的标题《原始思维》中得来的一种说法。多年来，他关于原始思维本质的结论一直是一个激烈争论的话题，而当时的大多数人类学家都觉得不得不对他施以猛击。在陈述和批评他的意见之后，我将简要地回顾一下帕累托为我们的评议所提供的东西，部分是因为他对列维-布留尔是一个有用的陪衬角色，部分是因为他所说的一切可以用作进入后面的一般性讨论和总结的方便津梁。

列维-布留尔在像也曾经是哲学家的涂尔干一样将注意力转向对原始人的研究之前，已经是一位因为其关于雅各比（Jacobi）和孔德的出色著作而大名鼎鼎的哲学家了。他的《道德与关于风俗的科学》一书在1903年的出版标志着他的兴趣转向了对原始思维的研究，这将成为他直到1939年去世时的唯一工作。尽管他的基本假设都是社会学的，他也因此可以与我已经谈论过的作家们划为一类，但是，他不是很轻易地适合于那些作家们的类型，而且，他总是拒绝认同于涂尔干的小组。因此，只是在一种形式性的意义上，他才可以像韦波（Webb）所说的那样被称作涂尔干的合作者之一。[1] 他更多地仍然是一位粹然简朴的哲学家，因此，他感兴趣的是原始的思想体系，而不是原始制度。他认为，正如人们可以通过对行为方式的分析而合法地开始对社会生活的研究一样，人们也可以通过对思想方式的分析而合法地开始对社会生活的研究。人们也许应该说，他主要是将原始人作为逻辑学家而加以研究的，因 79
为在他的著作中，逻辑问题乃是一个至关重要的问题，而对思想体系的研究也确实应该如此。

他的关于原始人的头两部著作——英译本的标题是《土著如何思维》和《原始思维》——提出了关于原始思维的一般理论，他因此而名闻遐迩。他的后期著作都是对这一理论的扩展，不过，由于他是一位温和谦卑之士，他似乎也在后期著作中依据现代的田野报告逐渐修改了他原来的观点。如果根据他身后出版的《札记》(Carnets)一书判断，他在生命的最后日子里，可能已经推翻了他的观点，或者至少考虑过要这么做。不过，正是他在早期的著作中所提出的观点才构成了他对人类学卓尔不群的理论贡献，因此，我应该讨论的也正是这些观点。

像涂尔干一样，他谴责英国学派试图通过个体的——他们自己的——思想过程来解释社会事实，而个体的思想乃是那些已经对他们力求理解的心智产生了影响的、不同的环境的产物。他们设计出他们如何能达到原始人的信仰与实践，然后认定那些人必定会通过这些步骤而获得这些信仰和实践。总之，试图依据个体心理学来解释原始心智，是毫无用处的。个体思维派生于他的社会的集体表

① C. C. J. 韦波：《关于宗教和个体的群体理论》，1916 年，第 13、41 页。

象，而这对他来说乃是义不容辞之事。这些表象是制度的功能。因此，特定类型的表象，因而特定的思维方式，都属于特定的社会结构类型。换言之，随着社会结构的变化，表象也将随之变化，而结果是个体的思维也随之变化。所以，每一类型的社会都有其与众不同的思维，这是因为每一类型的社会都有其独特的风俗和制度，而这些风俗和制度基本上都只是集体表象的一个特定的方面。可以说，它们是被客观地思考的表象。列维-布留尔这样说的意思并不是说，一个民族的表象的真实性要比他们制度的真实性少一些。

尽管人们可以将社会划分为许多不同的类型，但是，列维-布留尔声称，若以尽可能宽泛的方式来思考这一问题，则有两种主要
80 的类型，即原始社会和文明社会，而且有与之相应的两种互相对立的思维方式。因此，我们就可以谈论原始思维和文明思维了，因为它们不仅在程度上不同，而且有质的不同。即将被注意的是，他希望强调文明人与原始人的差异，这也许是就他的理论出发点应该做出的最为重要的一点评述，也是赋予其理论诸多独创性的关键之所在。由于各种原因，大多数研究原始人的作家们都一致倾向于强调我们与原始人之间的相似性，或他们认为是相似性的东西。而列维-布留尔则认为，为了求变，不妨将注意力转向差异。针对他提出的批评经常认为，他不知道我们在许多方面与原始人是何其相像。而一旦我们认识到他的意图，这种批评就会丧失其大部分的力量：他想强调差异，而为了更为清晰地揭示这些差异，他集中照亮了这些差异，而将相似性留在暗处。他知道他是在曲解——有些人喜欢称之为理想的建构——但他从不装模作样地在做别的什么事，他的做法在方法论上是合理的。

列维-布留尔声称，我们身处欧洲的人，在我们后面有许多个世纪严格且理智的沉思和分析。因此，在以下的意义上，我们是以逻辑为取向的：即，我们通常会探寻自然过程中的现象的原因，而即便当我们面对着我们不能做出科学解释的现象时，我们会认为，这只是因为我们的知识不够，并视这种说法为理所当然。原始思维则完全不同，它是以超自然者为取向的。

原始人的心智态度是迥然不同的。他生活于其中的环境的本质是以一种非常不同的方式呈现给他的。对象与存在物全都包含在一个神秘互渗和排他的网络之中，正是这些构成了其结构与秩序。也正是这些东西当下就将其自身强加于他的注意力，并独自占有他的注意力。如果有一种现象令他感兴趣，如果他不甘愿被动地、毫无反应地感知它，可以说，他会立即像通过思维反射一样地想到一种神秘的和不可见的力量，而这种现象就是这种力量的一种 81
表现形式。[①]

如果被问及，为什么原始人不像我们一样探寻客观的因果联系，回答是，原始人因为他们的那种原逻辑的和神秘的集体表象而被禁止这么做。

这些论断立即遭到英国的人类学家们的拒斥，经验传统使得这些人不相信任何具有哲学思辨性质的东西。列维-布留尔只是一位书斋型的理论家，他和他的其他法国同行们一样，从未见过一个原始人，更不用说与一个原始人交谈了。我认为，我也许要声明我是在英国或美国为他说话的少数几位人类学家之一，这并不是因为我

① 列维-布留尔：《原始思维》，第 14 版，第 17—18 页。

赞同他，而是因为我觉得，一位学者应该是由于他已经说了什么、而不是因为他理应说什么而受到批评。因此，我的辩护将不得不是评注性的，[1] 这是一种尝试，即试图解释列维–布留尔的那些激起如此之多的敌意的关键性说法和概念是什么意思：原逻辑的、思维、集体表象、神秘的和互渗。至少对英国读者来说，这些术语使得他的思想显得含糊不清，以致人们经常会处于怀疑之中：他究竟想说什么？

列维–布留尔将那些在原始人看来是如此正确，而在欧洲人看来是如此荒谬的思维方式（即巫术–宗教性的思想，他对巫术和宗教不加区分）称作“原逻辑的”。他用这个词的意思与批评他的人所说的意思非常不同。他的意思不是说，原始人不能进行前后融贯的思考，而只是说，他们的大多数信仰与对宇宙的批判性的、科学的观点是不相容的，它们还包含着明显的矛盾。他不是说，原始人是不聪明的，而是说，他们的信仰对我们来说是不可理解的。这并非
82 意味着我们跟不上他们的推理，我们能够跟上，因为他们是合乎逻辑地进行推理的。但他们是从不同的前提出发的，而这种前提对我们来说是荒谬的。他们是理性的，但他们是以不同于我们的范畴进行推理的。他们是合乎逻辑的，但他们的逻辑原则不是我们的逻辑原则，即不是亚里士多德式的逻辑。列维–布留尔并不认为“逻辑与原始人的心智无关；这种想法的荒谬性在其形成之时就是显而易见的。原逻辑的并不意味着是非逻辑的或反逻辑的。运用于原始

① 埃文思–普里查德：《列维–布留尔关于原始思维的理论》，载《埃及大学文学院简报》（开罗），1934 年。

人思维的原逻辑只是意味着：它并不像我们所做的那样，千方百计地避免矛盾，它并不总是提出同样的逻辑要求。在我们看来是不可能的或荒谬的东西，它却经常看不到其中所包含的任何困难就接受之”。[①] 这里,列维-布留尔是过于精细了,因为他所说的“原逻辑的”指的不过就是非科学的和非批判性的，原始人是理性的，但又是不科学的和非批判性的。

当他说“原始思维”和“原始心智”是原逻辑的，是不可救药的非批判性的，他并不是在谈论个体在推理方面的能力或无能，而是在谈论他的推理所属的范畴。他不是在谈论原始人和我们之间的生物学上或心理学上的差异，而是在谈论一种社会差异。因此，可以推论出，他也不是在谈论有些心理学家和其他人所描述的那种心智：直觉的、逻辑的、浪漫的、古典的，等等。他所谈论的乃是公理、价值和感情——或多或少是有时被称作思想样式的东西——他说，在原始人那里，这些东西通常都是神秘的，因而是超越于证实之外的、不受经验影响的，并且对矛盾是无动于衷的。对这一问题，他和涂尔干持相同的立场。因此，他宣称，它们是社会性的事实，而不是心理学的事实；而且所有这类东西都是一般的、传统的和强制性的。它们呈现在那些生来即获得它们的个体面前，而且，在他死后，它们仍将呈现在那里。即便是与这些观念相伴相随的情感状态也是由社会决定的，因此，在这种意义上，一个人的思维是客观的
东西。如果它完全是一种个体性的现象，它就会是主观的东西。它 83
的一般性使之成为一种客观的东西。

① 列维-布留尔：《原始思维》（赫伯特·斯宾塞讲座），1931 年，第 21 页。

思想的这些模式或样式的总和就构成一个人的心智或思维，而这正是列维-布留尔所说的集体表象，而集体表象是当时法国社会学家中一种共同的说法，我认为它是德语*Vorstellung*一词的翻译。它暗示着某种非常深奥难解的东西，而他用这个词的意思不过就是我们所说的理念、观念或信仰。当他说表象是集体性的时候，他的意思不过是说，对社会的所有成员或大多数成员来说，这种表象是共同的。每个社会都有其集体表象，我们的集体表象通常以批判性和科学性为取向，而原始人的集体表象则通常以神秘为取向。我认为，列维-布留尔可能会同意这样的看法：这两种表象都同样是有信用的（fiduciary）。

如果列维-布留尔想激起英国人最恶劣的怀疑，那么，他就不可能有比使用“神秘的”一词更好的做法了。然而，他却清楚地指出，他使用这个词的意思不过就是英国作家们在谈论超自然者的信仰——即谈论巫术和宗教等问题时所说的意思。他说：“由于没有更好的词，我使用这个术语，但不是以之暗指我们自己社会中的宗教神秘主义，神秘主义是完全不同的；但是，在严格界定的意义上，‘神秘的’是用来指对那种感官感觉不到，不过依然是真实的力量、势力和行为的信仰。”[1]这样，原始人的集体表象主要与这些感觉不到的力量有关，其结果是，一旦原始人的感觉变成有意识的知觉，它们便会被由它们激起的神秘观念染上色彩，便会立即在神秘的思想范畴中被概念化。概念支配感觉，并将其意象强加于感觉之上。有人也许会说，原始人是像我们一样来看待对象的，但他们

① 列维-布留尔：《低级社会中的智力机能》，第二版，1912年，第30页。

对对象的理解是不同的。这是因为，一旦他有意识地注意到对象，关于对象的神秘观念就会出现在他和对象之间，并改变其纯属客观的性质。我们也在对象中领悟我们文化的集体表象，但由于那是符 84
合其客观性质的，我们是客观地理解它的。原始人对对象的集体表象是神秘的，因此，他是神秘地、以一种对我们来说完全是陌生和荒谬的方式来理解它的。神秘的感觉是当下的，例如，原始人就不理解影子，并将其社会思想运用于影子，按照其社会思想，影子乃是他的灵魂之一。当他意识到他的影子时，他就意识到了他的灵魂。如果我们说，以列维-布留尔看待这一问题的方式而言，信仰只是在晚近人类思想的发展过程中，在知觉与表象已然瓦解之时才兴起的，那么，我们就能最好地理解列维-布留尔的观点。于是，我们就能说，一个人会感知到他的影子，并相信影子就是他的灵魂。信仰的问题并未在原始人中间出现，信仰就包含在影子之中，影子就是信仰。同样地，一个原始人并不感知一头豹子，并相信那就是他的图腾兄弟，他所感知的就是他的图腾兄弟。豹子的物理属性被融入图腾的神秘表象之中，并且从属于这一表象。列维-布留尔说："原始人在其中运动的实在本身就是神秘的，在他们的集体表象中，没有哪个存在、对象和自然现象是其呈现给我们的那个样子。我们在其中看到的一切几乎都会逃离他们，或者说，他们对那一切都无动于衷。另一方面，他们在其中看到了许多我们甚至未猜想到的东西。"[①]

他走得甚至比这还远。他说，不仅原始人的知觉体现了神秘的

① 列维-布留尔：《低级社会中的智力机能》，第 30—31 页。

表象，而且，正是这种神秘的表象激起了知觉。在感觉印象的溪流中，只有一些变成有意识的印象。人们只是注意到或关注他们所看到或听到的东西中的一小部分。而他们所关注的东西则是由于其更大的情感作用而被选择的。换言之，人的兴趣乃是有选择性的主动者，而这些在很大的程度上都是由社会决定的。原始人由于他们的集体表象已经赋予一些现象以神秘的属性而关注这些现象，集体
85 表象因此既支配着知觉，也与之融为一体。原始人更为关注他们的影子，这完全是因为，在他们的集体表象中，他们的影子就是他们的灵魂。我们则不如此做，因为影子对我们来说并非任何正面的东西，而只是对光的否定。在这一点上，他们的表象和我们的表象是互相排斥的。因此，根本就不是对影子的知觉导致（被知觉的就是灵魂）这一信仰进入意识，而是信仰导致原始人注意到他的影子。集体表象以其赋予现象的价值而将注意力导向这些现象，而既然原始人与文明人的表象极为不同，他们在围绕着他们的世界中所注意到的东西就会迥然不同，或者，至少引起他们注意到某些现象的理由是有所不同的。

原始人的表象有其自身的特性，亦即神秘的特性，而这种特性与我们的表象毫不相干。因此，我们也许可以说原始人的思维是某种自成一类的东西。这些神秘表象的逻辑原则是列维-布留尔所说的神秘的互渗律。原始人的集体表象是由一个互渗的网络所构成的，而由于表象是神秘的，这个网络也是神秘的。在原始人的思想中，事物是联系在一起的，以至于影响某一事物的东西被相信会不是客观地，却是通过神秘的行为（不过，原始人自身并不区分客观的和神秘的行为）而影响其他的事物。确实，原始人通常更为关注

的是我们所说的事物之间的超感官关系，或者，用列维-布留尔的话来说，是事物之间的神秘关系，而不是我们所说的事物之间的客观关系。试以我前面用过的例子为例，有些原始人渗入他们影子之中，因此，影响他们影子的东西会影响他们。因此，一个人在正午穿过一个空旷的地方，对他来说可能是致命的，因为他可能会失去他的影子。另外一些原始人则渗入他们的名字之中，因此，他们不会泄露自己的名字，因为如果敌人知道了，便会占有名字的主人，也会占有他的力量。在另外一些人中，人们会渗入他的孩子之中，86
因此，当孩子生病时，他，而不是孩子，会喝下药物。这些互渗构成了范畴的结构，而原始人就是在这一结构之内活动的，他的社会人格则是由此结构建构而成的。在人与他生活于其上的土地之间、在人和他的首领之间、在人和他的亲属之间、在人和他的图腾之间，等等，都有神秘的互渗覆盖着他的生活的每一方面。

这里也许要注意的是，列维-布留尔的互渗类似于泰勒和弗雷泽的观念联想，但他从中得出的结论却与他们非常不同。对泰勒和弗雷泽来说，原始人相信巫术，是因为他们从观察出发作了不正确的推理；而对列维-布留尔来说，原始人作不正确的推理是因为他的推论是由他的社会的神秘表象所决定的。前者是根据个体心理学做出的一种解释，后者则是一种社会学的解释。就任何给定的个体而言，列维-布留尔当然是正确的，这是因为，个体学习思想范式，而神秘的联系则是在这种范式之中，并且通过这种范式而得以建立起来。他并不是从他自己的观察中演绎出这些范式的。

列维-布留尔对互渗律的探讨也许是他的观点中最有价值，也是最有原创性的部分。他强调，在我们看来似乎是奇怪的、有时确实是愚蠢的原始观念，在其被作为孤立的事实考虑时，当其被视为观念与行为方式的组成部分，而每个部分彼此之间都有可理解的关系时，都是有意义的。在这方面，如果说他不是第一人，也是最早的一个。他认识到，价值会像理智的逻辑建构一样形成同样融贯的体系。他还认识到，既有理性的逻辑，也有情感的逻辑，尽管它们是建立在不同的原理基础之上的。他的分析不像我们前面讨论过的那些想当然的故事，因为他并不试图通过一种旨在揭示原始巫术和宗教可能是如何产生的，揭示它们的原因或起源的理论来解释原始巫术和宗教。他以之为给定的事实，并且只是试图揭示它们的结构和方式，而原始宗教和巫术在这些结构和范式中便成了某一类型的所有社会共同具有的独特思维的证据。

87 为了强调这种思维的独特性，他阐明了一般原始思想不只是在程度上，而是在质上与我们的思想（即便在我们自己的社会里，可能有些人像原始人一样进行思考和感受，而且每个人中间都有一种原始思维的根基）完全不同。而这作为他的主要论点，却得不到证明。在其生命的晚年，他本人似乎放弃了这一论点。如果我们是对的，那么，我们将很难与原始人进行交流，甚至难以学会他们的语言。单是我们能够做到这一点这个事实就表明，列维-布留尔在原始人和文明人之间作了一个过强的对比。他的错误部分地要归因于在他最初形成他的理论时，所掌握的材料的贫乏，也要归因于他以牺牲世间性和事实为代价而在好奇与感觉之间所做的双重选择，这一点我在前面已经提到过。于是，当列维-布留尔拿我们与原始人对比时，便有这样的问题：我们是何许人，原始人又是何许人？他没有区分我们中的不同种类的人，没有区分我们社会中的不同社会阶层和职业阶层，这些在50年前比在今天更为显著，也未对我们历史上的不同时期加以区分。在他使用思维一词的意义上，索邦的哲学家们与布列塔尼的农夫或诺曼底的渔夫难道有相同的思维吗？而且，既然近代欧洲人是从野蛮状态，从一种以原始思维为特性的社会发展而来的，我们的祖先是如何，又是在何时经历这一由彼及此的过渡的？除非我们的先人与他们的神秘观念并肩携手，也拥有一套指引他们的经验知识，否则，这样的发展是根本不可能发生的。而且，列维-布留尔必须接受这样的说法：野蛮人有时会从梦中醒来，在从事他们的技术活动时，下面几点是必不可少的："在某些根本点上，表象与客观实在是符合的，在某些时候，实践有效地适应了追求的目标。"[①] 但是，他这么做却只是将其当作一个小小的让步，而且对他的立场毫无损害。而下面一点却是不证自明的：原始人远不像他所阐述的那样是耽于幻想的孩子，与我们相比，他们没有那么多的机会做这样的孩子，因为他们的生活更接近于自然界严苛的实在，而这些实在只允许那些在其追求中受观察、实验和理
性指引的人生存下去。 88

人们也许会进一步究问柏拉图属于哪类人，或者，斐洛和普洛提诺的象征思想属于哪类思想。而由于在他所列举的原始思维的事例中，我们发现，诸如中国人与波利尼西亚人、美拉尼西亚人、黑人、美洲印第安人和澳洲土人全都一股脑儿包括在内，人们便愈发要作这样的究问了。还需要再次指出的是，正如在许多人类学理论中一样，反面的事例被忽略了。例如，许多原始人根本就不为他

① 《低级社会中的智力机能》，第354—355页。

们的影子或名字而操心，而根据他的分类，他们却在类型学上与那些为他们的影子或名字操心的原始人属于同样类型的社会。

今天，已没有哪位著名的人类学家接受这种关于两种截然不同的思维的理论了。所有对原始人做过长期的第一手研究的观察家都同意，原始人感兴趣的多半是他们以经验的方式进行处理的实际事物，他们在处理这些事物时，要么很少参照超自然的力量、势力和行为，要么是用的这样一种方式，即这些东西在其中只有一种从属的、辅助性的作用。还需注意的是，被列维-布留尔界定为原始思维或原逻辑思维之根本特征的东西，即它不能感受到明显的矛盾，或者对明显的矛盾缺乏关心，乃是极其虚幻的说法。他也许不应完全因为没有目睹原始思维是如此受到指责，因为在他撰写其最负盛名的著作时，深入细致的现代田野研究成果尚未出版。我认为，他当时不可能认识到，只是在欧洲的观察家们记录下了那些实际上是在不同场合、不同层面的经验中发现的共在的信仰之后，这些矛盾才显得引人注目的。他也许不可能像我们今天这样很好地认识到，神秘的表象不一定是由其在仪式场合中的用处之外的对象引起的，也不可能认识到，神秘的表象并非像过去那样不可避免地是由对象激发的。例如，有些人将石块放在树杈上，以延宕日落的发生。但是，如此被使用的石块是按照因果关系被拾起的，而且在仪式中、
89 对仪式的目的和仪式的持续只有一种神秘的意义，在任何别的场合目睹这块或另外任何一块石头都不会激起日落的观念。诚如我在讨论弗雷泽时所指出的那样，联想是由仪式引发的，并且在别的场合不必出现。也许还要注意的是，像物神和偶像这样的对象乃是人为地建构而成的，而且在其物化的自我中不具有任何意义。原始

人只是在这些对象通过仪式被赋予了超自然的力量之时，才获得它的；而这种仪式也是人为的，它使得它们充满了那种力量，对象和它的性质因此而在人心中分离开来。同样，在孩提时期，神秘的观念是不能由那些对成人来说具有神秘意义的对象激发出来的，因为儿童尚不认识他们。而且，他甚至可能就没有注意到这些对象——儿童，至少经常和我们在一起，总有一天会发现他的影子。此外，对某些人具有神秘价值的对象，对其他人可能根本就没有——对一个氏族是神圣的图腾可能被同一共同体之内的其他氏族的成员吃掉。这些考虑表明，需要一种更为精细的解释。此外，我相信，在他写作之时，他尚不能像我们今天一样适当地考虑到原始语言和原始人所表达的思想中的大量的复杂情况及其丰富的象征。在被翻译为英语时，那些看起来是无可救药的矛盾的东西，在土著语言中可能就不是这样。例如，当土著所说的某某氏族是豹子这样的陈述被翻译时，它在我们看来是荒谬的。但是，他所使用而被我们翻译为“是”的那个词对他来说可能并不具有“是”这个词对我们具有的相同的意义。无论如何，说某人是豹子没有内在的矛盾，豹子的特性是在思想中被附加在人的属性之上的某种东西，而且对人的属性丝毫无损。在不同的境遇中，事物可能会以不同的方式得到思考。在一种意义上，它是一种事物；在另一种意义上，它可能是多于那种事物的某物。

在假定客观的因果解释与神秘的解释之间必然存在着矛盾时，列维-布留尔也是错误的。情况并非如此。事实是，可以一并持有这两种解释，它们是互相补充的，因此，它们并不是互相排斥的。
例如，死亡归因于妖术这一教条与某人是被野牛杀死的这一观察并 90

不互相排斥。在列维-布留尔看来，这里存在着一种土著对其无动于衷的矛盾。但是，其中并不包含着矛盾。相反，土著人是在对情况作一种非常敏锐的分析。他们完全知道是野牛杀死了这个人，但是，他们认为，如果他不是中了妖术，就不会被野牛杀死。要不然，他为什么应该被野牛杀死？为什么是他而不是别人被野牛杀死？为什么是被那头野牛而不是被另外一头野牛杀死？为什么是在那个时候和那个地方，而不是在别的时候和别的地方？正如我们所说的那样，他们是在追问为什么两个独立的事件之链会彼此相交，导致一个特定的人和一头特定的野牛相会于时空中一个特定的点。你们将会同意，这里并没有矛盾，相反，只是妖术的解释补充了自然因果关系的解释，对我们所说的机遇因素作了说明。这一事件的妖术原因之所以被强调，乃是因为，在这两个原因中，只有神秘的原因才允许对妖术进行干预和报复。同样的经验知识和神秘观念的混合可见于原始人关于生殖、药物和其他事项的观念之中。事物的客观属性和事件的自然因果关系可能为人所知，但是，由于它们与那些符合于某些制度的社会教条相冲突，便不为社会所强调，或者遭到否定，而在这些场合，神秘的信仰可能比经验知识更为合适。确实，我们也许该再次断言，如果不是这样的话，就很难理解科学知识是如何出现的。此外，一种社会表象若与个体的经验相冲突，除非这种冲突能够依据表象本身或某些其他的表象而得到解释，它便是不可接受的。然而，这种解释于是就成了对冲突的承认。一种断定火不会烧伤伸入其中的手的表象，是不会经久不衰的；而一种断定如果你有足够的信仰，火就不会烧伤你的表象则可能会经久不衰。实际上，诚如我们已经看到的那样，列维-布留尔承认神秘的

思想是受经验限制的，也承认，在战争、狩猎、捕鱼、治病和占卜等活动中，手段必须合理地与目的相适应。 91

我认为，现在的人类学家们都一致同意，列维-布留尔使得原始人远远比他们的实际情况更为迷信，这里，我们使用了迷信这个比原逻辑更为普遍常见的词汇。而且，他通过将我们描述得比我们中的大多数人更为实证，而使得原始人的思维与我们思维之间的反差更加引人注目。根据我与他的交谈，我认为，他觉得他在这个问题上是陷入了困境。在他看来，基督教和犹太教也是迷信，展示了原逻辑的和神秘的思维，根据他的定义，必然是如此。但是，我认为，他是为了不致冒犯人而没有提到它们。因此，他像将经验知识排除在野蛮人的文化之外一样严格地将神秘的观念排除在我们自己的文化之外。这种未考虑他的同胞中的大多数人的信仰和仪式的做法，使得他的论证无效。而正如柏格森顽皮地评论的那样，他本人在不断地指责原始人不将任何事件归诸机会时，却接受了机会。因此，根据他自己的揭示，他将自己置于原逻辑一类。

然而，在他所使用的神秘一词的意义上，并不意味着原始人的思想不比我们的思想更为“神秘”。虽然列维-布留尔所做的对比是一种夸大，但是，原始巫术和宗教还是使得我们面临着一个实实在在的问题，而且这个问题并不是法国哲学家们所想象的那个问题。对原始人有长期经验的人一直为这个问题而感到困惑。确实，原始人经常性地、在不幸的时候尤其会将事件归诸超感官的力量，而在此情此景中，拥有更多知识的我们则会以自然的因果关系来解释这些事件，或试图这么做。但是，即便如此，我认为，列维-布留尔还可以将这个问题表述得更好。这个问题与其说是原始思维与文

明思维的问题，不如说是在任何社会——不论原始社会还是文明社会——中，两种类型的思想彼此之间的关系问题，也就是思想与经验的层级问题。正是由于列维-布留尔像当时几乎所有的作家一样受进化和不可避免的进步观念的支配，他未曾意识到这一点。如果
92 他在自己的表述中不是如此实证，他自己也许不会追问文明人和原始人的思想范式之间的差异是什么，而是会追问，在任何社会里，或者在一般的人类社会里，这两种思想方式的功能是什么？——这两种思想方式是与经常被区分为“表现性的”和“工具性的”思想方式相关联的。[①] 若然，则该问题便会以相当不同的样态呈现给他，一如它以各种不同的方式呈现给帕累托、柏格森、威廉·詹姆斯、马克斯·韦伯等人一样。我可以通过简要地介绍一下帕累托关于文明人的思想言论、以一种初步的方式对此作最佳的说明，这是因为，帕累托的专题论著构成了对列维-布留尔论点的一种具有讽刺性的评论。列维-布留尔这样谈论我们社会中的思维：“我认为，不妨借助于古代和现代哲学家、逻辑学家和心理学家的著作来界定它，而不必过早判定晚近的社会学分析可能会对迄今为止由他们获得的结论作什么样的修改。”[②] 帕累托是根据欧洲的哲学家和其他人的著述来证明欧洲人的思维主要是非常非理性的，或者像他所说的那样，是非常非逻辑-实验性的（non-logico-experimental）。

在威尔弗雷多·帕累托的大部头的《论一般社会学》——英译本的标题是《心智与社会》——一书中，花了超过百万字的篇幅来

① 参看 J. 贝蒂（J. Beattie）最近在《其他文化》一书第 12 章中对这一区分的讨论，该书出版于 1964 年。

② 《低级社会中的智力机能》，第 21 页。

分析情感和观念。我将只谈论他的论著中与原始思维有关的那一部分。他也使用了特殊的术语。任何社会中都有“残余物”——为了方便起见，我们也许可以称之为情操（sentiments）——其中有些有利于社会稳定，有些有利于社会变迁。情操既表现在行为之中，也表现在“衍生物”之中（其他的作家称之为意识形态或理性化）。于是，表现这些残余物或情操的绝大多数行动——帕累托将思想包括在该词中——都是非逻辑-实验性的（为简便起见，用非逻辑的），而且它们必须与逻辑-实验性的（为了简便起见，用逻辑的）行动区分开来。逻辑性的思想依赖于事实，而不是事实依赖于它；相反，非逻辑性的思想则是被先验地接受的，并且支配着经验。而且，如果他与经验发生冲突，便会召唤证据以便重建二者的一致性。逻辑 93
性的行动（和思想）是与艺术、科学和经济相关联的，而且也体现在军事、法律和政治的运作之中。在其他社会过程中，非逻辑性的行动（和思想）占据支配性的地位。检验行动是逻辑性的还是非逻辑性的要看这些行动的主观目的是否与其客观结果一致，手段是否客观地与目的相适应。而这种检验的唯一审判官应该是科学，也就是我们自己在任何时候都拥有的真实的知识。

帕累托所说的“非逻辑性的”并不比列维-布留尔所说的原逻辑多点什么意义，它并不意味着如此划分的思想和行动是不合逻辑的，而只是意味着，它们只是主观地而不是客观地将手段与目的结合在一起。我们也不应该将这一问题与效用问题混为一谈。一种客观有效的信仰可能对抱持它的社会与个体都没有用处，而一种从逻辑-实验的立场来看是荒谬的教义却可能对二者都有裨益。确实，帕累托阐述这一点的目的乃是想实验性地证明“非逻辑性的行

动对社会和个体的效用”[①]（弗雷泽也阐述过同样的观点，例如，他告诉我们，在文化管理的一定水平上，私有财产、婚姻和对人类生命的尊重“大都是从那些我们今天应该毫不犹豫地将其斥为迷信和荒谬的信仰中获得其力量的”[②]）。

再者，不论那些已经发现的原因显得多么虚幻，对原因的探寻，最终导致了对真实原因的发现。“如果有人想断言，若没有神学和形而上学，实验科学甚至不会存在，他是不可能轻易就被驳倒的。这三种活动可能是同一种心理状态的表现，而这种心理状态若消亡了，它们便会同时消失殆尽。”[③]但是，还是有这样一个问题，
94 那些能够合乎逻辑地行动的人却经常以一种非逻辑的方式行事，这是如何发生的呢？泰勒和弗雷泽认为，那是因为他们作了错误的推理；马雷特、马林诺夫斯基和弗洛伊德认为，那是为了缓解紧张；列维-布留尔以及某种意义上的涂尔干认为，那是因为集体表象在指导他们的思想；帕累托则认为，那是由于他们的残余物。我以“情操”一词代替了残余物，而帕累托也经常互用这两个词。但是，严格地说，帕累托的残余物是思想和行为方式中的共同因素，是从被观察到的行为和言论抽象出来的一致性，而情操就是这些抽象物的概念化，是经久不变的态度，这些态度尽管我们观察不到，我们却可以根据被观察到的行为中的那些恒常的因素而设想它们是存在的。因此，残余物是得自被观察到的行为的一种抽象物，而情操则

① V. 帕累托（V. Pareto）：《心智与社会》，1935 年，第 35 页。也可参看他的《美德神话与不道德的文学》，1911 年。

② 弗雷泽（Frazer）：《心灵的任务》，1913 年，第 4 页。

③ 帕累托：《心智与社会》，第 591 页。

是一种更高水平的抽象物——一种假说。在此，举个例子也许不无裨益。人们经常举办宴会，但是，他们为他们的宴会提出了许多不同的理由。“以死者的名义举办的宴会变成了以诸神的名义举办的宴会，而后又变成了以圣人的名义举办的宴会，最后，它们盛极而衰，仅复变成了纪念性的宴会。形式可以变化，但是，要想压制宴会，可谓难上加难。”[①] 用帕累托的话来说，宴会是残余物，而举办宴会的理由则是派生物。那并不是特殊的宴会，而只是构成残余物的、在任何时间任何地方的宴会活动。在宴会活动中的这种经久不变的因素背后的经久不变的态度就是帕累托所说的情操。然而，只要我们知道我们是在对此作简写，情操也许就可以被用来指称对它的抽象化和概念化这两者。此外，严格地说，帕累托的派生物乃是行动中的非经久不变的因素，但是，由于这些派生物经常是为做某事而提出的理由，与经久不衰的因素，亦即它的所作所为形成对照，帕累托一般都用这个词指称人们为他们的行为提供的理由。这样，情操便既表现在活动之中，也表现在行动的合理化之中，因为人们
不仅对行动有需要，也需要使之理智化，以便亲力证明采取那样的 95
行动是合理的。至于是借助于健全的论证，还是借助于荒谬的论证，是无关紧要的。因此，残余物和派生物两者都是从情操之中产生的，但是，派生物是次要的、不那么重要的。所以，以人们提出的解释其行为的理由来解释行为，是毫无用处的。根据这一观点，帕累托对赫伯特·斯宾塞和泰勒从给定的理由，即灵魂与鬼神存在中推导出对死者的崇拜的做法作了严厉的批判。我们毋宁应该说，

① 《心智与社会》，第 607 页。

是崇拜导致了理由，而理由只是对所作所为的合理化。他还批判了菲斯泰尔·德·库朗热的以下说法：土地所有权是作为一种宗教观念的结果而产生的，这种观念即是相信祖先的鬼魂生活于地下；而土地的所有权与宗教可能是并行发展出来的，宗教与土地所有权之间的关系是一种互相依赖的关系，而不是一种简单的、单向的、原因与结果的关系。但是，尽管意识形态也许会对情操产生影响，正是情操，也许我们应该说是残余物，亦即经久不变的行为方式才是基本的和持久的，而观念，亦即派生物则一如既往地只是一种附属物，而且是一种可变的、非经久不衰的附属物。意识形态变动不居，但是，产生意识形态的情操却保持不变。同样的残余物甚至会产生相反的派生物：例如，帕累托所说的性残余物也许被表现在对所有性表现的极端仇恨之中。通常，派生物依赖于残余物，而不是残余物依赖于派生物。人们为施与好客殷勤提供各种理由，但是又都坚持好客殷勤。好客殷勤的施与是残余物，而关于施与好客殷勤的理由则是派生物。而且，理由是无关紧要的，几乎任何理由都可以同样好地服务于目的。因此，如果你能说服一个人，他做某件事的理由是错误的，他不会停止做这件事，而是会寻找其他的理由，以证明他的行动的合理性。在此，当他断言不是观念，而是情感——观念只可用作对情感的一种引导——支配着世界时，帕累托非常出人意外地赞许性地征引了赫伯特·斯宾塞的言论，或许，我们应该说，情感表现在行动之中，表现在残余物之中。

96 逻辑上必然的是（帕累托写道），人们应该首先信仰一种给定的宗教，然后才相信该宗教仪式的灵验，而这种灵验在逻辑上必然是信仰的结果。除非有人在倾听祷告，否则，进行祷告在逻辑上便必然是荒谬的。但是，非逻辑的行动是由完全相反的过程产生的。首先有一种对某一仪式的灵验的本能性信仰，然后才有对“解释”信仰的需要，于是，这种解释便在宗教中被发现了。[①]

有某些基本的行为类型，可以在所有的社会中、在类似的境遇里被发现，而且，它们指向类似的对象。这些残余物是相对地持久不变的，因为它们是从强烈的情操中产生的。正是情操在其中得到表现的方式，特别是与它们的表现相伴相随的意识形态，是可变的。在每一社会中，人们都将情操表现在他们文化中的特定习惯用语之中。他们的解释“采取了最普遍地流行于他们在其中演化的时代的形式，而这些形式类似于由相应时代中的人们披戴着的风俗的风格”。[②] 因此，如果我们想理解人类，我们就必须总是深入他们观念的背后，并且研究他们的行为。而一旦我们认识到情操支配着行为，对我们来说，理解远古时代人们的行为并不困难。这是因为，多个世纪以来，甚至几千年以来，残余物变化很少。如果情况不是如此，那么，我们如何仍然能够喜爱荷马的诗作和希腊、罗马人的哀歌、悲剧和喜剧呢？他们将情操表现在至少大部分都是我们共同分享的东西之中。帕累托断言，社会形式基本上保持着老样子，只是它们在其中得到表现的文化习惯用语在变化着。帕累托的结论也许可以总结为这样一句格言：“人性不变”，或者，用他自己的话来说：“派生物变动不居，而残余物经久不衰”。[③] 因此，帕累托同意那些认为最初的即是事实的人的看法。

① 《心智与社会》，第 569 页。

② 同上书，第 143 页。

③ 同上书，第 660 页。

与克劳利、弗雷泽、列维-布留尔和他们时代的其他人一样，帕累托是一位剪刀加浆糊式的作家，他到处摭拾他的例子，使之适合一种非常基本的分类法，而且，他的判断是浅薄的。然而，他的著
97 述对我们之所以有趣，是因为，尽管他没有在这些著述中讨论原始人，却与列维-布留尔对他们的思维的描绘颇有关联。列维-布留尔告诉我们，我们是合逻辑的，而与我们相比，原始人是原逻辑的。帕累托则告诉我们，我们中的绝大多数都是非逻辑的。神学、形而上学、社会主义、议会、民主、普选权、共和、进步，等等，与原始人所信仰的任何东西都一样是非常非理性的，因为它们都是信仰与情操的产物，而不是实验与推理的产物。而且，我们大多数的观念与行为或许可以说也是一样的：我们的道德、我们对我们的家庭和国家的忠诚，等等，都是这样。帕累托在其著作中花在欧洲社会中的逻辑观念与行为上的篇幅，与列维-布留尔花在原始社会中的逻辑观念与行为上的篇幅几乎一样多。我们也许比以前稍微苛刻和敏锐一些，但是，我们甚至连很大的差别都没有。相关的逻辑-实验领域与非逻辑-实验的领域在整个历史和所有社会中都是相当经久不变的。

但是，尽管帕累托的结论与列维-布留尔的结论如此相左，他们所使用的分析概念之间的相似性却值得注意。“非逻辑-实验的”对应于“原逻辑的”，“残余物”对应于“神秘的互渗”。这是因为，对帕累托来说，残余物乃是在可变的增长被消除之时，对所有社会共同的关系因素——例如与家庭和亲属、场所、死者等关系——的抽象。对帕累托来说，特定的互渗——人之渗入他的国旗、教堂、学校和团队之中，现代人生活于其中的情操之网——就是派生物。

而且，一般而言，我们也许可以说，他的“派生物”对应于列维-布留尔的集体表象。此外，他们都想阐述同样的观点，即在经验的或科学的行为之外，人们都以确保他们的观念和行为符合情操与价值观为目的，而且，他们并不为他们的前提是否科学有效，或者他们的推论是否完全合乎逻辑而操心。而这些情操和价值就构成了一种具有其自身的逻辑的思想体系。正如列维-布留尔所说的那样，
任何发生的事件都会根据集体表象而立即得到解释，而正如帕累托 98
所说的那样，任何事件的发生都会根据派生物——在再现的逻辑和构成派生物之基础的情操的逻辑之中——立即得到解释。正是它们，而不是科学为生活设立了标准。在帕累托看来，只是在技术领域里，科学才从现代社会中的情操那里获得了基础。于是，我们在理解原始巫术和妖术方面便出现困难，与此同时，我们却较容易理解原始人大部分的其他观念，因为它们与我们自身所具有的情操一致。情操优先于裸眼观察和实验，而且，在日常生活中它们听命于情操。

这两位作者之间的理论差异在于：列维-布留尔认为神秘的思想和行为是被社会决定的，而帕累托则认为它们是被心理决定的；列维-布留尔倾向于视行为为思想的产物，亦即表象的产物，而帕累托则将思想亦即派生物视为次要的、不重要的；列维-布留尔使原始人的思维与文明人的思维相对立，而在帕累托看来，基本的情操是恒久的，而且不会随着社会结构而发生变化，或者至少是变化不大。正是最后这一点差异，我想特别强调一下，因为，尽管帕累托的思想浅薄、粗俗、混乱，他却正确地看到了问题之所在。在发表于洛桑的演讲中，他讲道：

> 人类的活动有两个主要的分支：情操活动和实验性的研究活动。人们不能夸大前者的重要性。正是情操激励着行动，使道德规范、责任和宗教在其所有非常复杂和多样的形式下获得生命。正是借助于对理想的渴求，社会才得以维持生存而且不断进步。但是，对这些社会来说，第二个分支也是根本性的，它提供为前者所用的物质。我们将知识归功于它，而这知识有益于有效的行动和对情操作有用的修正，由于知识，它确实是一点一点地、非常缓慢地使自身适应于当前的环境。所有的科学，自然科学和社会科学，最初都是情操与实验的混合物。这
> 99 些因素的分离需要很多个世纪，而在我们的时代，这种分离几乎完全是由于自然科学而得以完成的，而且是由于社会科学而开始并持续下去的。[①]

他的意图是，研究逻辑的和非逻辑的思想与行为在古代和现代欧洲的相同类型的文化与社会中所发挥的作用，但是，他没有将其意图贯彻到底。他花了大量的篇幅就他认为是错误的信仰和非理性的行为进行写作，但是，他就常识、科学的信仰和经验性的行为所告诉我们的东西却非常之少。因此，正如列维-布留尔给我们留下了几乎不断地沉溺于仪式并受神秘的信仰之支配这样一种关于原始人的印象一样，帕累托给我们留下了这样一种欧洲人的印象：在其历史上的所有阶段都任凭表现在大量他认为是荒谬的观念和行为之中的情操之摆弄。

---

① 演讲，载《政治经济学学刊》，1917 年，第 426 页以下。附录于 G. C. 霍曼斯（G. C. Homans）和 C. P. 柯蒂斯（C. P. Curtis）的《帕累托导论：他的社会学》，1934 年。

第五章　结论

我已经以一些事例向你们描述了那些被提出来旨在解释原始人的宗教信仰和实践的各种理论类型。 100
至少对人类学家来说，这些理论的大部分都已僵死了，而在今天，它们主要是作为其时代的思想样品才有点重要性。其中有些著作——例如，泰勒、弗雷泽和涂尔干的著作——无疑还会继续被当作经典阅读，但它们对学人再也不会是什么了不起的刺激物。另外一些人——如兰、金、克劳利和马雷特——则或多或少已被遗忘。这些理论之不再有太大的吸引力，是由于许多因素，我将提到其中的一些因素。

我相信，一个原因是，宗教已经不再以它在19世纪末、20世纪初的方式占据人们的思想了。那时，人类学家们觉得他们是生活在思想史上的一个生死攸关的危急关头，而且，他们在其中有他们的作用要发挥。1878年，马克斯·缪勒评论道："每天、每周、每月、每个季节，最广为流传的报刊现在似乎只是为告诉我们下面的事而彼此竞争：宗教的时代已经过去，信仰是幻觉和幼稚病，诸神终于被发现了真相，并且被戳穿……"[1]27年之后，也就是在1905年，克劳利写道，宗教的敌人"已经将科学与宗教之间的对立发展为一

① 《关于宗教的起源与发展的演讲录》，1878年，第218页。

种生死搏斗，认为宗教只是来自原始神话时代的遗存，而且宗教的消亡只是个时间问题的说法到处都大行其道”。[1] 我已经在别的地
101 方探讨过人类学家在这一搏斗中所充当的角色，[2] 因此，我就不进一步对此加以阐述了。我在这里提到这一点，只是因为我认为，良心危机在某种程度上可以说明这一时期论述原始宗教的著作之所以繁盛的原因；此外，危机的消失在某种程度上也许可以解释晚近几代人类学家为什么缺乏他们的前辈对这一论题的热情。人们可以在其中感受到一种急迫感和冲突感的最后一本著作是 S. A. 库克的《宗教研究》，该书完成并且出版于 1914 年的灾难已经降临之时。

这一争论的消退还另有别的原因。当时人类学正在变成一门实验性的学科，而随着田野研究在质与量两方面的发展，原先出自那些从未见过原始人的学者、看起来更具哲学思想之本性的东西已经不受人尊重了。不仅是那些被现代研究揭示的事实频繁地将怀疑投向早期的著作，而且，这些理论逐渐被认为是有错误的建构。当人类学家们试图在他们的田野研究中运用这些理论时，他们发现这些理论几乎没有什么实验价值，这是因为，这些理论是以这样一些术语构成的：它们很少允许自身被分解成若干通过观察可以加以解决的问题，因此，这些理论既不能被证实，也不能被证伪。泰勒、缪勒和涂尔干的宗教起源理论对指导田野研究有什么用处？

正是起源一词得到了强调。正是由于对宗教的起源的解释是就起源问题而被提供的，这些理论性的争辩一旦过于充满了生气和

---

① 克劳利：《生命之树》，1905 年，第 8 页。

② 埃文思-普里查德：《宗教与人类学家》，载《黑衣修道士》，1960 年 4 月，第 104—118 页。

火药味，它最终就会烟消云散。我认为，在缺乏历史证据的情况下，完全没有办法发现某些风俗和信仰的起源是什么，竟然有人认为值得对其起源可能是什么进行猜测，这是很奇怪的事。然而，这却正是我们的几乎所有作者或明或暗地在那儿所做的事，不论他们的观点是心理学的还是社会学的。即便是那些对他们冠之以伪历史绰
号的东西充满了敌意的人，也难免要亲自提出一些类似的解释。在 102
对进化、发展、历史、进步、原始的、源头、起源和原因等观念所作的那些谈论中，存在惊人的混乱，对此，也许可以撰写长篇大论的论文，而我并不想澄清这些混乱。只要说人们对这些理论几乎没有或者完全没有对付的办法，必定就足矣。

已经给出了许多这样的事例，现在，我只再举一个例子。赫伯特·斯宾塞和洛德·艾夫伯里（Lord Avebury）借助于这样一种理论来解释图腾崇拜，这种理论认定图腾崇拜起源于由于这样或那样的理由而以动物、植物和无生命的物体给个体命名的实践。且让我们紧跟艾夫伯里的思路：[1] 然后，这些名字便附着于那些接受他们的人的家庭及其后裔，而当这些名字的原委被遗忘之后，与动物和物体之间的一种神秘的关系便被虚构出来，于是，它们便唤起敬畏，并被崇拜。事实是，并没有证据证明图腾动物至少总是唤起那种可以被合法地称作敬畏的回应，也没有证据证明，它们无论如何都不被崇拜。除了这一事实以外，人们如何可能知道图腾崇拜是不是以这种方式产生的？也许可以做到这一点，但是，人们又如何着手考察这一问题，或者检验这一假说的有效性呢？

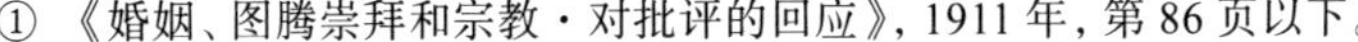

① 《婚姻、图腾崇拜和宗教·对批评的回应》，1911 年，第 86 页以下。

确实，已经有一些人，尤其是德国学者(Ratzel, Frobenius, Grabner, Ankerman, Foy, Schmidt) 做过试图依据详尽的证据为原始文化建立年代表的尝试，他们的方法以区域文化理论(Kulturkreislehre)著称。威廉·施米特是这种建构原始宗教方法的主要阐释者，他采用了诸如狩猎者和采集者的地理分布及其低水平的经济发展这样的标准。他认为那些缺乏植物耕作和畜牧业的民族——例如非洲和亚洲的俾格米人(Pygmies)和俾格莫伊德人(Pygmoide)、澳大利亚东南部的土著、安达曼人、爱斯基摩人和贴拉·德尔·弗艾格(Tierra del Fuego)人——是“人种史意义上最古老的”民族。他们属于原始文化，这种文化随后沿着三条独立而且
103 平行的路线发展：母系的和农业的，父系的和图腾崇拜的，家长制的和游牧的，每一种都有其自身的心智习性和其自身的世界观。在原始文化中，并没有图腾崇拜、偶像崇拜、万物有灵信仰或者巫术，而鬼灵崇拜则只见于一种很弱的形式。另一方面，正如安德鲁·兰所指出的那样，这些处于最低文化与社会发展水平的民族有一种一神的宗教，其神是永恒的、全知的、慈善的、道德的、全能的，而且是创造性的，满足所有人的理性的、社会的、道德的和情感的需要。对一神教的优越性或相反特性的讨论可以追溯到前人类学时期，比如说大卫·休谟的《宗教的自然历史》(1757 年)。在该书中，休谟将他的论辩建立在历史事实，亦即对原始人的记载和逻辑的基础之上，自称(pretended，在 18 世纪的意义上使用该词)多神教或偶像崇拜是宗教的最早的形式。正如我们所预期的那样，这一争论染有神学考虑的色彩，因此，正如在休谟的多种著作和由这些著作所带来的热潮中所显示的那样，这一争论通常是喋喋辩个不休。休谟是

作为一个有神论者进行写作的，而他的宗教立场也许可以说一直是含混不清的。诚如兰也曾推测过的那样，首要的，正是人试图弄清宇宙的逻辑原因的愿望导致了人对上帝的信仰。这是因为，这种对来自外界刺激的回应与趋向人格化的倾向相结合，为人提供了这种神人亦即最高存在者的观念。由于这种对神的解释，兰和施米特可以归于唯理主义作家之列。观念的起源在于观察和推论，但是，在他们看来，在这方面，两者都是健全的。这一理论也许是一种可以接受的关于创造性的存在的假说，但是，在我看来，它并不能令人满意地解释一神教为什么会在这些简单的民族中流行。

施米特希望使进化论的民族学者信誉扫地，按照这些学者的发展格局（schemata），这些相同的民族一定是处于偶像崇拜、巫术崇拜（magism）、万物有灵论和图腾崇拜等的最低阶段。毫无疑问，他针对他们证明了他的论辩，但是，和兰一样，这种证明是以接受他 104
们的进化论标准、赋予文化层级以历史年表为代价的。的确，站在实证的立场上，我认为他没有牢靠地证实他的见解。而且，我发觉他的推论是有倾向性的，而他对材料的使用也是可疑的。我非常感激佩特·施米特（Pater Schmidt）对原始宗教和原始宗教理论所作的详尽的探讨，但是，我认为他对历史层级的重构是不能成立的，或者说，他所使用的方法并不能像他所声称的那样被合法地接受为真正的历史方法。这一问题是复杂的，因此，请允许我简要地谈一下这个问题，这是因为，尽管施米特这位有坚强的人格，也有渊博学识的人士为他本人在维也纳建立了一个学派，他死后这个学派却解体了。而且，我怀疑今天是否还有很多人会捍卫他的那种年代学式的重构，这种重构是试图发现宗教起源的另外一种尝试，而环境

科学中并未为我们提供确定其起源的手段。

然而，应该指出的是，历史意义上的真正的一神教也许可以被看作是对多神教的否定，因而不可能早于多神教。在这一问题上，我想征引佩特左尼（Pettazzoni）的一段话：“我们在非文明的民族中所发现的并不是历史合法性意义上的一神教，而是最高存在者的观念。将这一观念错误地等同于一神教，误导性地将这一观念同化于一神教，只能带来误解。”[①]

因此，我们应该把（施米特意义上的）一神教加到各种关于宗教起源的不可证实的假说清单上：拜物教、马纳崇拜、自然—神秘主义、万物有灵论、图腾崇拜、物力论（dynamism，马纳，等等）、巫术崇拜、多神教以及各种心理状态。据我所知，今天已经没有任何人为这些观点中的任何一种进行辩护了。社会人类学在田野研究中并借助于田野研究所取得的巨大进步已经使我们的目光从对起源的徒劳追寻转向别处，而许多探寻起源、一度争辩不休的学派也已经成了明日黄花。

我认为，今天的绝大多数人类学家都会同意这样的看法：探寻
105 宗教的原基（primordium）是无用的。施莱特尔曾正确地宣称：“所有关于宗教进化的图式在确定原基和所提出的发展的系列阶段方面，都毫无例外地是依照一种独断的、任意的基础而进行的。”[②]此外，下面一点已经得到了明确的证实：在许多原始宗教中，人们的心智是在不同的水平上和不同的环境中以不同的方式发挥功能的。

① 佩特左尼：《宗教史论文集》，第 9 页。

② F. 施莱特尔（F. Schleiter）：《宗教与文化》，1919 年，第 39 页。

因此，一个人为了某些目的也许会求助于偶像，而在其他场合则会祈求于上帝。而且，一种宗教既可以是多神论的，也可以是一神论的，这要看其神灵是被设想为多于一个还是只有一个。如今，下面一点也很清楚：诚如雷丁曾指出的那样，[①]即便是在同样的原始社会中，就个体之间而言，也可能存在着广泛的差异，雷丁将这种差异归于气质性的差异。最后，窃以为下面的看法也许会得到赞同：暗含于许多早期的理论化工作之中的那种因果解释很少符合现代一般的科学思想，后者所追寻的毋宁说是揭示和理解经久不变的关系。

在这些理论中，下述观点得到了理所当然的认可：我们处于人类进步等级的一端，而所谓的原始人则处于另一端，而且，由于原始人处于很低的技术水平上，他们的思想和风俗必定在各方面都是与我们的相对立的。我们是理性的，而原始人是原逻辑的，生活在梦幻和虚假的世界之中，生活在神秘和敬畏的世界之中。我们是资本主义的，他们是共产主义的；我们是一夫一妻制的，他们是杂婚制的；我们是一神论者，他们是偶像崇拜者、万有灵论者、前万物有灵论者，等等。

这样，原始人便被描绘为幼稚的、粗野的、浪费的，类似于动物和低能儿。这并不是夸张。赫伯特·斯宾塞告诉我们的，原始人的心智是“非思辨性的、非批判性的、不能进行概括的，而且，除了那些通过感觉得到的观念以外，很少有任何别的观念”。[②]随后，

① 雷丁：《原始人中的一神教》，1954 年编，第 24—30 页。

② 同上书，i，344。

他又宣称，在原始人不发达的词汇和语法结构中，只有最简单的思
106 想才能得到传达，因此，根据他征引的一位无名权威的看法，印第安人中的祖尼人“需要许多面部表情和肢体动作，以使他们的语句完全可以理解”；而根据另一材料，南非卡拉哈里沙漠地区的一个游牧部落布什人（Bushman）的语言需要许多记号以弥补“它们在黑暗中不可理解”的不足。与此同时，第三位权威声称，阿拉帕霍人（Arapahos）“在黑暗中很难彼此交谈”。[①] 马克斯·缪勒征引了埃默森·坦南特爵士（Emerson Tennent）的话，大意是，锡兰的维达人（Veddahs）没有语言：“他们彼此之间借助于记号、怪脸和奇怪的声音使自己被对方所理解，而这些东西与确切的词汇或一般的语言几乎没有相似性。”[②] 而实际上，他们说的是僧伽罗语（印欧语系中的一种语言）。此外，根据一些较好的观察家的看法，贴拉·德尔·弗艾格人是一个非常令人愉悦的民族，而生活在一个最不科学时代的达尔文却实际上将他们描述成一种低于人类的畜类，[③] 难道不是这样吗？而高尔顿（Galton）则以一种更不科学的精神断言他的狗比他所遇到的达马拉人（Damara），赫雷洛人（Herero）更有智力，难道不是这样吗？[④] 还有许多其他的事例可以引用。这类如果说不是无耻也是愚蠢的言论的集大成者可见于弗雷德里克·W. 法勒牧师（Frederic W. Farrar）的论文《种族的自然倾向》之中，[⑤] 这位牧

① 雷丁：《原始人中的一神教》，1954 年编，i，149。
② 《语言、神话和宗教文选》，ii, 27。
③ C. 达尔文：《猎兔犬航海记：1831—1836 年》，1906 年编，第 10 章。
④ F. 高尔顿：《热带南非探险记》，1889 年编，第 82 页。
⑤ 《伦敦民族学会学报》，N. S.，v（1867 年），第 115—126 页。

师还是《埃里克，或者一点一点地》和《基督的生平》等书的作者。他对黑人的厌恶和敌意与金斯利不相上下。50年的研究已经表明，这样的贬低（该词在这种语境中是一种词源学意义上的讽刺）是孤陋寡闻的错误观念，或者换句话说，是非常无聊的废话。

所有这一切都非常符合殖民主义者和其他人的利益，而有些人准备将这种耻辱溯源于那些需要为奴隶制寻找借口的美国人种史学家，也有人将其溯源于那些渴望发现人与猿猴之间消失了的联系环节的人。

不用说，人们认为原始人必定只有最粗糙的宗教观念，而且，我们已经有机会评述那些被认为是用来获得这些观念的各种不同 107

的方式。毫无疑问，一旦弄清了原始人甚至是那些狩猎者和采集者拥有具有很高道德属性的神，弄清了他们必定是从一种较高的文化那里，从传教士、商人等那里借用了这一观念，或者在未理解其含义的情况下借用了这个词，那么，上述那一点便会在一些丢人现眼的论证中得到进一步的展示。正如安德鲁·兰所揭示的那样，在论及澳大利亚土著时，泰勒几乎当然错误地坚持了这一点。[①]西德尼·哈特兰（Sidney Hartland）持与泰勒相同的观点，[②]多尔曼也在很少的证据基础之上，对美洲印第安人做出了绝对论断："在欧洲人发现美洲之前，还没有开通通向一神教的路径……"[③]现代研究表明，可以认为这类论述几乎没有什么价值。但是，下述看法多少是

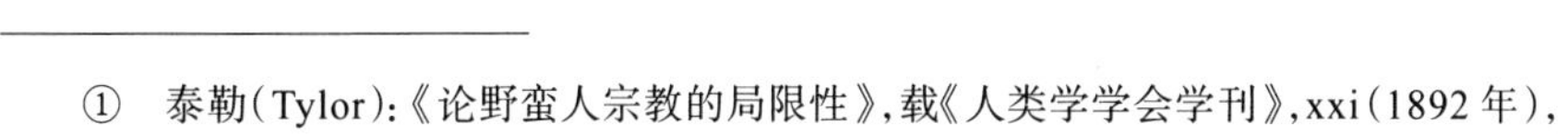

① 泰勒（Tylor）：《论野蛮人宗教的局限性》，载《人类学学会学刊》，xxi（1892年），第293页以下。

② E. S. 哈特兰：《澳大利亚人的高级神》，载《民俗学》，ix（1898年），第302页。

③ R. M. 多尔曼（R. M. Dorman）：《原始迷信的起源》，1881年，第15页。

当时的一个公理：技术和社会结构越简单，宗教观念甚至任何其他的观念就越低下。固执己见的艾夫伯里走得更远，以至于断言：在澳大利亚人、塔斯马尼亚人（Tasmanians）、安达曼群岛人、爱斯基摩人、北美和南美印第安人、一些波利尼西亚人、至少一部分加罗林群岛（（Caroline Islanders）人、霍屯督人、南非的某些卡菲尔人、中非的佛拉人（Foulahs）、西非的般巴拉人（Bambaras）、达穆岛（Damood Island）上的人民中，没有对神和任何偶像的信仰，因而，根据他的定义，就是没有宗教。著名传教士莫法特（Moffat）曾以这样的理由为他未描述贝专纳人的行为方式和风俗进行辩解：这么做“既不是很有教益，也不是很有启发意义。”[1] 他断言，撒旦已经抹掉了“贝专纳人、霍屯督人和布什人心中的所有宗教印记中的蛛丝马迹”。[2] 当时，断定这些文化上最不发达的民族根本上没有任何宗教并非不普遍；如前所述，这是弗雷泽的观点。而且，直到 1928 年这
108 么晚的时候，我们还发现查尔斯·辛格（Charles Singer）还在否定野蛮人有任何可以被称作宗教体系的东西，因为他们的实践和信仰完全缺乏融贯性。[3] 我猜想，他的意思是，野蛮人没有一种宗教哲学和神学护教学。确实，说原始人的信仰是含混的和不确定的，也许是对的；这些作家似乎没有想到过，我们社会中的普通百姓的信仰也是这样；这是因为，当宗教关注那些不能通过感觉得到直接理解或不能通过理性得到充分理解的存在者时，情况不是这样又能是

① R. 莫法特：《南非的传教工作和景观》，1842 年，第 249 页。

② 同上书，第 244 页，亦参见第 260—263 页。

③ 查尔斯·辛格：《宗教与科学》，1928 年，第 7 页。

什么别的样子呢？而且，如果说他们的宗教神话有时看起来是荒谬可笑的，那么，这些宗教神话较之于获得了人文学者和东方学家们格外倾慕的希腊、罗马和印度人的宗教神话并不那么荒谬可笑；可以说，他们的神几乎也并不如此令人厌恶。

我所勾勒的这些观点今天不会再被接受了。至于它们是否可以通过当时可以获得的信息而得到证实，我将不作判断，这是因为，我还没有完成形成一种判断所需要的辛勤的文献调查。我的任务是阐述性的；不过，我业已将一度似乎具有可信性的对原始宗教的解释中的在我看来是根本性的弱点展示在你们的面前。第一个错误是将这些解释建立在进化论假说的基础之上，而当时并没有，也不可能提出证据来证明这种假说。第二个错误是，除了是年代学意义上的起源理论外，他们还是心理学意义上的起源理论。而且，即便是那些被我们贴上了社会学标签的理论也可以说是以“如果我是马”这类心理学的假设为其终极基础的。就那些空想型的人类学家而言，这些理论很难成为别的样子；他们的经验仅局限于他们自己的文化和社会，在那个社会里仅局限于一个小的阶级，而在那个阶级里又局限于一个更小的知识分子群体。我敢肯定，像艾夫伯里、弗雷泽和马雷特这样的人几乎不知道普通的英国工人是如何感受
和思考的，他们对他们从未见到过的原始人是如何感受和思考的知 109
道得更少，也就毫不奇怪了。正如我们所看到的那样，他们对原始宗教的解释是从内省中推演出来的。如果学者本人信原始人之所信，或者行原始人之所行，他就可能会受一种特定的推理思路的指引，或者被某种情感状态所驱使，或者沉浸在大众心理之中，或者陷入集体和神秘的表象之网之中。

我们经常被下列人士告诫，不要试图依据我们自己的心理学来解释古代或原始人的思想，这种思想是由一套非常不同于他们的制度所形塑的。这些人士有亚当·弗格森、亨利·梅因爵士，等等，还包括列维-布留尔。在所有我们已经考察过的论述原始人思维的作家中，列维-布留尔在这方面可以说是最为客观的。巴霍芬（Bachofen）对摩尔根写道："德国学者打算按照当今流行的思想来衡量古人，以此使他们可以被理解。在对历史的创造中，他们只是看到了他们自己。想深入与我们不同的心智结构，是一项艰难的工作。"[①] 尤其当我们是在处理像原始人的巫术和宗教这样困难的课题时，这委实是一项艰难的工作。在这一工作中，当我们把较简单的人的观念翻译成我们自己的观念时，极易将我们的思想移植到他们的思想之中。诚如塞利格曼兄弟所说的那样，就巫术问题而言，黑人和白人对对方的看法完全缺乏理解，如果此说是正确的，那么，原始人的巫术观念很容易被严重地歪曲，尤其是被那些从未见过原始人，而且视巫术为无用的迷信的人所歪曲。因此，巫术现象就应该通过在与原始人一样的境遇中想象我们自身这样一个过程而得到分析。

正如我在我的第一次演讲中所暗示的那样，翻译问题是我们学科的核心问题。我举一个例子。当我们谈论某些土著人的信仰时，我们使用"超自然的"这个词，因为这就是这个词对我们来说所具有的意思，但是，借助于使用这个词远没有增进我们对土著人信仰

① C. 雷塞克（C. Resek）：《刘易斯·亨利·摩尔根：美国学者》，1960年，第136页。

的理解，反而可能误解它。我们有自然规律这样的概念，而“超自然的”这个词传达给我们的是在原因与结果的正常运作之外的某种 110
东西，但是，对原始人来说，这个词却可能根本就没有那种意思。比如说，许多人深信死亡是由妖术导致的。说妖术对这些人来说是一种超自然的力量便很难反映他们自己对这件事的看法，因为从他们的观点来看，没有什么更自然的事了。他们通过在死亡和其他不幸中的感觉来经验它，而且，巫婆是他们的邻人。确实，对他们来说，如果一个人不是死于妖术，至少在某种意义上，最好是说他不是自然死亡，而死于妖术即是死于一种自然的原因。这里，我们也许该进一步思考一下神圣与世俗的二分法，还有马纳和类似的观念的意义、巫术与宗教的差异以及其他在我看来仍然处于十分混乱状态之中的一些论题；处于混乱状态之中的原因主要在于未能认识到我们所面对的根本性的语义问题本身——或者，如果我们愿意的话，也可以说是翻译问题。但是，这个问题需要长篇大论的探讨，我希望在别的时间和别的场合对此给予关注。

对于在（主要是波利尼西亚人的）马纳观念上产生的令人吃惊的混乱之雾，我还是只腾出一点短暂的注意力。这一混乱持续了许多年，并且仍未完全消失。它部分地是由于从美拉尼西亚和波利尼西亚获得的不确切的报告，更多地则是由于像马雷特和涂尔干这样有影响的作家们所作的推测。他们认为马纳是一种模糊的、非人格的力量，是一种分布在人和事物之中的以太或电流。更晚近的研究似乎已经证实，马纳应该被理解为一种通常是通过人，尤其是通过首领而从神或鬼神那里获得的属灵力量的灵验性（具有与真理相关的含义）——是一种使人确保其在人事活动中获得成功，并因此与

世界各地的类似观念相符的一种神恩或美德。[①]

111 此时此地，我要完成一项不同的任务：说明在对原始宗教的调查研究中，应该采取什么样的步骤。我并不否定人们有理由持有他们的信仰——他们的信仰是合理的；我并不否定宗教仪式可能会伴随着情感体验，在仪式的演示中，情感甚至可能是一个重要的因素；而且，我当然并不否定宗教观念和实践是与社会群体直接相关的——不论宗教可能还是别的什么，它都是一种社会现象。我所否定的是，以这些事实中的任何一种或者以这些事实的总和来解释宗教。而且，我认为，尤其当起源是不可能被发现的时候，探寻起源并不是健全的科学方法。科学探讨关系，并不研究起源和本质。可以说，原始宗教的事实都能得到社会学的解释，就此而言，它必定与其他事实有关，既与它用来形成观念与实践体系的那些事实有关，也与其他与之有联系的社会现象有关。我愿以巫术为第一类偏颇的解释的事例。试图将巫术理解为一种观念本身，仿佛巫术的本质就是观念，这是一件毫无希望的工作。当巫术被看作不仅与经验性的活动有关，而且也与作为一种思想体系的部分的其他信仰有关时，巫术就更容易理解了。这是因为，情况当然经常是这样的：与其说巫术主要是控制自然的工具，不如说它是借助于为达到目的而采取的经验性措施的干预，阻止与人的努力反其道而行之的妖术和

① 霍卡特：《“马纳”与人》，1922 年，第 79 页。弗思（Firth）：《对马纳的分析：一种经验的方法》，载《波利尼西亚学会学刊》，xlix（1940 年），第 483—610 页。A. 卡佩尔（Capell）：《对“马纳”一词的语言学研究》，载《大洋洲》，ix（1938 年），第 89—96 页。也可参看 F. R. 莱曼（F. R. Lehmann）：《马纳，南海人的超常灵验观念》，1922 年，各处。

其他神秘力量的工具。我们也许可以用宗教与其他社会性的，而且本身是非宗教性的事实之间的关系来对祖先崇拜的例子进行解释。只有将祖先崇拜视作整个家庭和亲属关系的组成部分，祖先崇拜才能得到清楚的理解。鬼神对他们的后人拥有权能，它们在后人中发挥着对行为施加道德约束力的作用，监视着后人彼此之间履行义务，如果后人没有这么做，便惩罚他们。而且，在有些社会中，上 112
帝既可能被认为是一，也可能被认为是多。作为一，它被认为与所有人和整个社会有关系；作为多，它被认为以各种神灵的形式与社会的一个部分或其他部分有关系。在此，为了理解宗教思想的某些特征，显然需要有对社会结构的了解。此外，宗教仪式是在庆典场合举行的，在这样的场合，如在为出生、入会、婚姻和死亡而举行的仪式中，个体和群体的相关地位得到肯定和确认。显然，要想理解宗教在这些场合的作用，人们也必须有对社会结构的了解。我已经举过一些非常简单的事例。在宗教与任何其他社会事实——道德的、伦理的、经济的、法律的、美学的和科学的——处于一种功能性关系的地方，可以全面地做我们所提出的这类关系分析；而当我们完成了这种全面的分析之时，我们便有望获得对这类现象的充分的社会学理解。

所有这一切都说明，我们必须依据宗教事实在其中被发现的文化和社会的整体来解释它们，必须依据格式塔心理学家们所说的文化整体，或者毛斯所说的全部事实（*fait total*）力求理解宗教事实。宗教事实必须被看作一个融贯的系统之内各个部分彼此之间的关系，每个部分都只有在与其他部分的关系中才有意义，而这个系统本身只有在与其他作为一套更广泛的关系之组成部分的制度系统

的关系中，才会有意义。

我遗憾地说，遵循这些思路所取得的成就非常之少。正如我在前面已经指出过的那样，当宗教危机过去之后，人类学家们对原始宗教的兴趣也衰减了。而且，在第一次世界大战和最近之间，那些做过田野调查的人对这一课题所做的研究出现了一种供应不足。也许，对这一特定课题的田野研究也需要一种能够在想象和象征中天马行空的富有诗意的心智。因此，尽管在人类学的其他领域中，例如在亲属关系和政治制度的研究中，通过深入细致的研究，已经取得了一些甚至是可观的进展。但是，我认为，在对原始宗教的研究中并未取得可以与之相比的进展。当然，宗教是在仪式中得到表
113 现的，而人们已经注意到，在最近大约 30 年中，由罗德-利文斯通（Rhodes-Livingstone）研究所出版的 99 种研究非洲生活的各个方面的出版物中，只有 3 种是以仪式为其主题的。[①] 这是一种征兆，表明近年来人们对仪式缺乏兴趣。不过，我还是要高兴地说，由于宽泛意义上的原始宗教是我自己的主要兴趣，最近出现了对原始宗教的兴趣复兴的迹象，而且是从我们所说的关系论的观点出发的。我不希望太有选择性，不过，我还是引用一些研究非洲人宗教的近著作为例子：戈弗雷·林哈德（Godfrey Lienhardt）博士的《神性与经验》，对苏丹丁卡（Dinka）人的宗教作了分析性的研究；[②] 约翰·米德尔顿（John Middleton）博士对乌干达拉巴纳（Lugbara）人的宗教

① R. 阿普索普（R. Apthorpe）：《鲁瓦尔人的信仰与仪式之要素·导言》，导言作者为 C. M. N. 怀特，罗德-利文斯通论丛，第 32 号（1961 年），第 9 页。

② G. 林哈德：《神性与经验：丁卡人的宗教》，1961 年。

观念和仪式的研究；[1] 维克托·特纳（Victor Turner）对罗德西亚* 北部的恩德梅布（Ndembu）人的仪式与象征的研究；[2] 此外还有在我们职业圈子之外的人士如坦普尔神父（Fr. Tempels）[3] 和特乌斯神父（Theuws）[4] 在刚果的巴鲁巴（Baluba）人中所做的调查研究。新近在特定的社会中所做的这些研究使我们差不多可以对宗教以及一般所说的非科学的思想在社会生活中所发挥的作用作系统的阐述。

如果我们想迟早获得一种一般的宗教社会学理论，我们就必须考虑所有的宗教，而不只是原始宗教；而只有做到这一点，我们 114
才能理解它的某些基本特点。这是因为，随着科学技术已经使得巫术成为累赘，宗教却存留下来了，而且其社会角色也变得越来越具有包容性，牵涉相距越来越遥远的人们，并且不再像在原始社会中那样是通过家庭和血亲的纽带以及参与到实际活动之中而得到凝聚了。

如果我们对宗教做不出一些一般性的论述，我们便没有超出对特定民族的宗教所作的不胜枚举的特定研究。正如我们已经看到过的那样，在 19 世纪，人们试图以进化论、心理学和社会学的形式获得这样的一般性论述。但是，由于这些对一般的系统性阐述的尝试已经被人类学家们所抛弃，我们的课题已经遭受了丧失共同目

---

① J. 米德尔顿：《拉巴纳人的宗教》，1960 年。

* 即津巴布韦。——译者

② V. W. 特纳：《恩德梅布人的占卜：其象征与技术》，罗德-利文斯通论丛，第 31 号（1961 年）；《恩德梅布人的仪式象征、道德与社会结构》，载《罗德-利文斯通学刊》，第 30 号（1961 年）。

③ R. P. 普拉锡德·坦普尔（R. P. Placide Tempels）：《班图人的哲学》，1959 年。

④ Th. 特乌斯：《鲁巴人观念中的真实者》，载《扎伊尔》，第 15 期（1961 年），I。

标与方法的损失。所谓功能的方法显得过于含混和过于陈腐，因而不能经久不衰；而且，这种方法也染有过于浓厚的实用主义和神学色彩；它过多地依赖于一种非常脆弱的生物学类比，而且，由比较研究所做的、支持在特定研究中所获得的结论的工作几乎没有——确实，比较研究几乎已经过时了。

有几位哲学家和准哲学家曾试图以尽可能宽泛的方式阐述他们视野中的宗教在社会生活中的作用，而我现在则要转而看看我们能从他们那里学到什么。尽管帕累托抄袭、啰嗦、浅薄，他却像我们已经注意到的那样看到了非逻辑的思想方式在社会关系中发挥着一种根本性的作用，所谓非逻辑的思想方式即是，从实验科学的立场来看，在其中手段没能理性地适应于目的的行为，而他将宗教置于这一范畴之内。祈祷可能是灵验的——不过，帕雷托本人显然不以为然——但是，科学意见的共识并不将其灵验性作为事实予以接受。正如在科学、军事活动、法律和政治里一样，这种或那种技术的精确性是必不可少的，而理性必须支配一切。另外，在我们的社会关系中，在我们的价值、感情和忠诚的领域里，例如：在对家庭和家、对教会和国家的依恋中，在我们对我们的同事的行为中，则是情感大行其道。这些情感至关重要，其中便有宗教情感。换言之，某些活动需要严格的理性思想——这里使用“理性的”是对他的“逻辑-实验的”简称——但是，只有在参与其中的人与安全、秩序之间也有几分一致性时，这些活动才能完成。而这些都依赖于共
115 同的情感，而共同的情感又是从道德的而非技术的需要中产生的，而且是以命令和公理而不是以观察和实验为基础的。它们是心的建构，而不是脑的建构，这里，脑只是用来发现并保护理性的。因

此，帕累托的目的就是前面引述过的那段话，即实验性地展示“非逻辑性的思想对个体和社会的用处”。[①] 我认为，他是想说，在价值的领域里，只有手段是通过理性选择的，而目的则不然。亚里士多德和休谟等人都持有这种观点。

试举另外一个例子。哲学家亨利·柏格森也曾区分思想与行为、宗教的与科学的这两种主要的类型，不过，他的方式有所不同。我们必须在行为中研究它们，而且，一定不要被列维-布留尔引入歧途，以至于假定原始人在引入神秘的原因时，是在藉此解释自然的结果。相反，原始人是在解释说明它们的人文意义，亦即它们对他的意义。野蛮人和我们之间的差别仅在于，我们比他们拥有更多的科学知识：他们“对我们已经学会了的东西显得无知”。[②]

将这些评论牢记于心之后，我们转向柏格森的主要观点。他认为，人类社会和文化基本上是为生物性的目的服务的，心智的两种功能以不同的方式为这一目的服务，而且是互相补充的。有两种不同的宗教经验：与封闭的社会相联系的静态的宗教经验和与开放的、普遍的社会相联系的动态的或神秘（是这个词在历史著述以及比较宗教研究中所具有的意义上，而不是在列维-布留尔的意义上）的宗教经验。前者当然是原始社会的特征。而生物在结构和组织两方面的进化采取的是两种方向：迈向除了人以外的整个动物王国的本能的完善，并且迈向只有人才有的智力的完善。如果说智力有其优点，那么，它也有其缺点。与动物不同，原始人能够预见到

① 《心智与社会》，第 35 页。

② 柏格森：《道德与宗教的两个来源》，第 151 页。

116 他面前的困难，并且对他克服这些困难的能力有疑问和恐惧。首要的是，他知道他必定会死亡。这种无助的认识压抑着行动，并危害着生命。反思，这种无力的思想还有另外一种危险。社会之所以延续，是因为它们成员中有一种道德义务感。但是，人的智力也许会告诉他，他自己的私利应该首先获得，不论这些私利是否与普遍的善相冲突。

面对着这些困境，自然（在柏格森的著述中，这些抽象概念的具体化非常丰富）会做出调适，以便恢复人的信心，并通过深入挖掘到由智力层覆盖着的本能深层之中而强征他的牺牲。她发觉她可以以制造神话的功能而让人的智力沉睡，尽管不会破坏它。巫术和宗教就是由此而产生的，这两者最初并无分别，不过后来还是分道扬镳了。它们针对智力提供必要的平衡，并容许人通过操纵幻想的自然力量或求助于幻想的神灵而再次追求他的目标；它们还驱使人在共同利益中忘记他的私利，并通过禁忌而服从于社会纪律。因此，宗教为人所做的事乃是通过在紧要关头将思想表象加在与之相反的智力之上，而做本能为动物所做的一切。因此，宗教并不像有些人所假设的那样是恐惧的产物，而是一种针对恐惧的保障和保险。在终极的意义上，宗教是一种本能冲动的产物，这种冲动乃是与智力结合在一起，确保人生存、确保人向更高的高度攀援进化的充满活力的动力。一句话，柏格森认为，宗教是“自然针对智力的分解性力量所做出的防卫性的反应”。[①] 因此，宗教不论在多么荒谬的想象的建构中都会发育生长，它并不依赖于实在，既然宗教的

① 柏格森：《道德与宗教的两个来源》，第 122 页。

功能对个人和社会的生存来说都是根本性的，我们对以下的事实就无须大惊小怪了：一直存在着，而且现在还存在着缺乏科学、艺术和哲学的社会，但从来不曾有过没有宗教的社会。“与我们人类共存共在的宗教必定与我们的结构有关。”①

当柏格森就当时的简单社会中的原始思想进行写作时，他使用
的是第二手材料，特别是他的朋友列维-布留尔的著述。但是，当 117
他谈论原始人时，他的心中已经有了假想的史前人，而这种史前人多少是一种辩证的设计，旨在使他在封闭社会中的静态宗教和未来开放社会中的动态宗教之间作一种强烈的对照，而后者是由他的那种受个人宗教经验导引的想象力虚构而成的。

你们也许已经注意到，总的来说，柏格森的“本能”对应于帕累托的“非逻辑-实验性的残余物”和列维-布留尔的“原逻辑”，而他的“智力”则对应于帕累托的“逻辑-实验”和列维-布留尔的逻辑。而且，我认为，帕累托和柏格森看到了而列维-布留尔没有看到的问题虽然是从不同的观点出发的，却是非常相同的。也许需要进一步指出的是，这三人就非理性的东西所告诉我们的相当多，而就理性的东西所告诉我们的却非常之少。因此，人们并不确定，在这种对照中，差别究竟何在。

试举最后一例，德国社会历史学家马克斯·韦伯曾触及同样的问题，不过不是太明确。而他的那种与“传统的”和“克里斯马式的”相对立的“理性的”在某种程度上对应于以上几位作家的相反的术语。他区分了这三种理想类型的或“纯粹”类型的社会行为。理性

① 柏格森：《道德与宗教的两个来源》，第 176 页。

的是最可理解的类型，在西方资本主义经济中可得到最佳观察，不过，在所有行为中，它都服从于官僚控制和常规化，而且，理性行为的产物几乎完全是非人化的。传统的行为特征是对一直都存在着的东西表示虔诚，它在那些感情或激情性的情操在其中支配一切的保守的、变迁相对少的社会里具有典型性。原始社会就属于这种类型，尽管他很少阅读有关原始社会的材料。个人魅力若要获得成功，不可避免地要被常规化，而直到它通过机械刻板的(banausic)官场作风而被常规化之前，都是精神自由的、个体化的紧急事态：它是由先知、英雄般的武士、革命家等等所代表的，这些人在危难
118 关头会作为领袖而出现，并且被认为具有非凡的、超自然的禀赋。这样的领袖在任何社会都有可能出现。

马克斯·韦伯像柏格森一样区分了他所说的巫术性宗教，即原始人和野蛮人的宗教与先知的普世主义的宗教，而这里的先知摧毁了封闭社会中的，亦即排他性的群体和共同体生活联盟中的神秘(在他的意义上使用该词)纽带。不过，这两者都同样最关心此世的价值：健康、长寿和财富。在该词的一种意义上，宗教本身并不是非理性的。清教主义、护教学和决疑法都是高度理性化的。既然如此，就可以推论出，教义可能会创造一种有利于世俗发展的精神气质：新教各教派和西方资本主义的兴起就是一个事例。但是，它却与世俗的合理性处于一种张力之中，后者将其从一个又一个领域——法律、政治、经济和科学——里驱逐出去，而这又导致——用弗雷德里克·希勒的话来说——“世界的祛魅”。因此，在另外一种意义上，宗教又是非理性的，即便在其理性化了的形式中也是如此。而且，尽管马克斯·韦伯将其视为一个逃离由现代生活的必

然趋势带来的对人格的全面破坏的避难所，他本人却不能躲避其中：相反，人们必须在可怕的社会里接受束缚，并准备做机器上的一个嵌齿，自我剥夺体现一个与其他个体有人际关系的个体的所有意义。但是，尽管正在朝那个方向迈进，宗教却仍然在社会生活中扮演着重要的角色，而社会学家的任务就是揭示那种角色是什么——不仅是在西欧的理性化社会中，而且是在以前的各个历史时期和在世界其他地方——展示不同类型的宗教在不同类型的社会中是如何既形塑社会生活的其他领域，又被其他领域所形塑的。简言之，我们必须究问非理性者在社会生活中的作用是什么，而理性的、传统的和个人魅力的因素在生活中的角色又是什么？他所究问的问题与帕累托和柏格森所究问的问题是非常相同的。

问题就是这些——我不再多举例了。对这些问题的回答比我们
在前几次演讲中考察过的回答更令人满意吗？我认为，不尽然。它 119
们过于含混、过于一般，也有点过于容易；而且，它们散发着强烈的实用主义的特别辩护的味道。宗教帮助维护社会的凝聚，它为人提供信心，等等。但是，这样一些解释带领我们走得非常遥远吗？而且，如果它们是正确的——这还有待证明——人们又如何着手确定宗教是以什么样的方式、又是在多大的程度上产生这些作用的？

我对我提出的问题的回答必须是，我认为，所提出的这个问题尽管可能是广泛的，却也是一个实实在在的问题，但各种答案却给人印象不那么深刻。我另外建议，对这一问题做些研究。比较宗教是一门很难在我们的各个大学里得到阐发的学科，而且，所谓的资料都几乎完全得自书籍——宗教经典、神学著述、释经学的和神秘主义的著述，以及其他著述。但是，我愿指出，对于人类学家或社会学家来说，这也许是宗教中最不重要的部分。其原因特别在于，就历史上的宗教撰写书籍的学者们有时甚至不确定关键词在原著作者那里究竟是什么意思，这一点是显而易见的。对这些关键词的语言学的重构和解释也常常是不确定的、彼此矛盾的，而且不令人信服，例如，有关“神(god)”这个词的情况就是如此。研究古代宗教或早期宗教的学人除了在文本中考察它以外，没有别的办法，这是因为，与文本同时的人已经不复存在了，因而也无法再与他们商榷了。严重的曲解便可能由此产生，这正如当佛教和耆那教被说成是无神论宗教时的情形一样。毫无疑问，它们有可能被视为由这些体系的作者们创造的哲学和心理学体系，但是，我们却有理由质问，它们是不是由普通百姓创造的。而且，人类学家感兴趣的正是普通百姓。对人类学家来说，最重要的问题是，宗教信仰和实践在任一社会里是如何影响社会成员的心智、情感、生活和人际关系的。可是，很少有著作以充分的方式描述和分析宗教在任一印度教、佛教、穆斯林和基督教共同体内的作用。对于社会人类学家来说，宗教就
120 是宗教所做之事。我必须补充的是，这种对原始人的研究一直是少之又少。在文明社会和原始社会中，这里包含着一个巨大的而且几乎是没有开垦过的研究领域。

此外，如果说大多数有价值的东西都是从训练中得来的，那么，比较宗教就必须是以相关论的方式进行比较的。如果比较仅止于描述——基督徒信仰这，穆斯林信仰那，印度教徒信仰其他的东西——甚或，如果这种比较向前迈进一步并且进行分类——琐罗亚斯德教、犹太教和伊斯兰教是先知宗教，印度教和佛教是神秘宗教(或者，某些宗教是接受世界的，而另外一些则是否弃世界的)——

我们并没有因此而向理解相似性或者差异迈进太远。印度的一元论者佛教徒和摩尼教徒在渴望从肉体中解脱、摆脱感官世界方面可能是相同的，但是，我们想问的问题是，这种共同的因素是否与任何其他的社会事实有关？韦伯和托尼（Tawney）在将某些新教教义与某些经济变迁联系在一起时，曾在这方面做过尝试。[①] 的确，我决不会在这一点上藐视做比较宗教的学人，这是因为，诚如我希望我已经在前面的演讲中表明的那样，我们人类学家在这类相关论的研究中，并没有取得多大的进步。而我相信，这种研究乃是必不可少的，也是唯一有可能将我们导向一种生机勃勃的宗教社会学的研究。

实际上，我不得不做出以下结论：我觉得，我们已经考察过的各种不同的理论，不论是单个地，还是被放在一起，它们在总体上都没有为我们提供多于常识性猜测的东西，而这种猜测大部分都是不正确的。如果我们像我们自然而然地会做的那样扪心自问，它们与我们的宗教经验是否有任何关系——比如说，它们是否为我们带来更有意义的平安，“我留下平安给你们，我将我的平安赐给你们……”——我猜想，答案必定是，它们几乎没有。而这可能使我们怀疑它们作为对原始人宗教解释的价值，原始人是不能运用同样的检测的。我相信，其原因在于，作家们所寻求的是依据起源和本质，而不是依据关系的解释。这一原因我在前面已经略加提及。而 121
且，我想进一步指出，这是他们的以下假设的必然结果：宗教的灵

① M. 韦伯：《新教伦理与资本主义精神》，1930 年；R. H. 托尼：《宗教与资本主义的兴起》，1944 年版。

魂、神灵和诸神没有实在性。这是因为，如果将它们视为纯粹的幻想，那么，就需要某种生物学的、心理学的或社会学的理论，说明为什么在所有的地方和所有的时间，人们都如此愚不可及地相信它们。接受神灵的实在性的人对这样的解释并不觉得有同样的需求，这是因为，尽管原始人中间的神灵和上帝的观念是不充分的，但它们对原始人来说并不只是幻觉。就对作为社会生活中的一种要素的宗教研究而言，人类学家是有神论者还是无神论者是无关紧要的，这是因为，不论在哪种情况下，他只能考虑他所能观察到的东西。但是，如果任何人想走得比这更远，他都必须遵循不同的道路。不信者寻求的是解释这种幻觉的理论——生物学的、心理学的和社会学的；而信徒寻求的则是对人们以之思考一种实在以及他们与这种实在的关系方式的理解。对这两者来说，宗教都是社会生活的组成部分，但是，对信徒来说，宗教还有另外一种向度。在这一点上，我发觉自己赞同施米特对勒南（Renan）的反驳："如果宗教是内在生活的必需品，那么，必然的结果是，宗教只能从内部才能得到真正的把握。但是，毫无疑问的是，那些宗教经验在其内在意识中发挥着作用的人，在这方面能够做得更好。其他的人（不信者）谈论宗教，只能是像盲人谈论颜色，或完全失聪的人谈论美妙的音乐作品一样，有太多太多的危险。"[1]

在上述演讲中，我向你们描述了过去在解释原始宗教方面所做出的一些主要尝试，而且，我已经提请你们接受这样的看法：这些解释没有一种是完全令人满意的。我们似乎总是从我们进去的门

① W. 施米特（W. Schmidt）：《宗教的起源与发展》，1931 年，第 6 页。

中走出来，但是，我并不希望迫使你们相信，这么多的劳作都是毫无目的的。如果说我们现在能够看清这些旨在解释原始宗教的理论中的错误，部分是因为它们是被提出来的，因而招致对他们的内容进行逻辑分析，并针对记录在案的民族学事实、在田野调查研究中对它们进行检验。在过去大约40年的时间里，社会人类学的这一部门所取得的进步也许可以通过以下事实得到衡量：依据我们已有的知识，我们能够指出一度拥有可信性理论的不充分性，但是，如果不是因为我们已经考察过其著述的先驱们，我们也许永远不能获得这样的知识。

参 考 文 献

ALLIER, RAOUL. *Les Non-civilisés et nous*, 1927.

ATKINSON, J. J. *Primal Law in Social Origins* by Andrew Lang, 1903.

AVEBURY, RT. HON. LORD. *Marriage, Totemism and Religion. An Answer to Critics*, 1911.

BAKER, SIR SAMUEL. 'The Races of the Nile Basin', *Transactions of the Ethnological Society of London*, N. S., vol. v, 1867.

BEATTIE, JOHN. Other Cultures, 1964.

BENEDICT, RUTH. 'Religion' in Franz Boas and others, *General Anthropology*, 1938.

BERGSON, Henri. *The Two Sources of Morality and Religion,* 1956 edit. (First pub. in France in 1932.)

BLEEKER, C. J. *The Sacred Bridge*, 1963.

BOAS, FRANZ. *The Mind of Primitive Man*, 1911.

BORKENAU, FRANZ. *Pareto*, 1936.

BOUSQUET, G. H. *Précis de sociologie d'après Vilfredo Pareto*, 1925.

——*Vilfredo Pareto, sa vie et son œuvre,* 1928.

BUBER, MARTIN. *Between Man and Man,* 1961 edit. (First pub. 1947.)

BUKHARIN, NIKOLAI. *Historical Materialism. A System of Sociology*, 1925.

CAPELL. A. 'The Word "Mana": a Linguistic Study', *Oceania*, vol. ix, 1938.

CLODD, EDWARD. *Tom Tit Tot*, 1898.

——'Presidential Address', *Folk-lore*, vol. vii, 1896.

COMTE,AUGUSTE. *Cours de philosophie positive*, 1908 edit, vols. iv—vi. (First

pub. 1830—42.)

CORNFORD, F. M. *From Religion to Philosophy*, 1912.

CRAWLEY, A. E. *The Mystic Rose*, 1927 edit, (revised and enlarged by Theodore Besterman), 2 vols. (First pub. in 1902.)

—— *The Tree of Life*, 1905.

—— *The Idea of the Soul*, 1909.

CROOKE, W. 'Method of Investigation and Folk-lore Origin', *Folk-lore*, vol. xxiv, 1913.

DARWIN, CHARLES ROBERT. *Voyage of the Beagle*, 1831—36,1906 edit. (First pub. in 1839.)

DAVY, GEORGES. *Sociologues d'hier et d'aujourd'hui*, 1931.

DE BROSSES, CH. R. *Du Culte des dieux fétiches ou parallèle de l'ancienne religion de l'Egypte avec la religion actuelle de la Nigritie,* 1760.

DORMAN, RUSHTON M. *The Origin of Primitive Superstitions*, 1881.

DRIBERG, J. H. *The Savage as he really is*, 1929.

——*At Home with the Savage*, 1932.

DURKHEIM, E. 'De la définition des phénomènes religieux', *L'Année sociologique*,vol. ii, 1899.

DURKHEIM, E. *Les Formes élémentaires de la vie religieuse*, 1912(Eng. *trans. The Elementary Forms of the Religious Life*, n. d. [1915]).

ESSERTIER, D. *Philosophes et savants français du XX*[e] *ciècle, la sociologie*, 1930.

EVANS-PRITCHARD, E. E. 'Heredity and Gestation as the Azande see them', *Sociologus,* 1931. (Reprinted in *Essays in Social Anthropology*, 1962.)

—— 'The Intellectualist (English) Interpretation of Magic', *Bulletin of the Faculty of Arts,* Egyptian University (Cairo), vol. i, 1933.

——'Lévy-Bruhl's Theory of Primitive Mentality', *Bulletin of the Faculty of Arts*, Egyptian University (Cairo), vol. ii, 1934.

——'Zande Therapeutics', *Essays presented to C. G. Seligman*, 1934.

——'Science and Sentiment. An Exposition and Criticism of the Writings of Pareto', *Bulletin of the Faculty of Arts,* Egyptian University (Cairo), vol. iii,

1936.

——*Witchcraft, Oracles and Magic among the Azande*, 1937.

——'Obituary: Lucien Lévy-Bruhl, 1939', *Man*, 1940, no. 27.

——*Nuer Religion*, 1956.

——'Religion and the Anthropologist', *Blackfriars*, April 1960. (Reprinted in *Essays in Social Anthrpology*, 1962.)

FARNELL, L. R. *The Evolution Religion*, 1905.

FARRAR, THE REVD. F. W. 'Aptitudes of Races', *Transactions of the Ethnological Society of London,* N. S., vol. v, 1867.

FIRTH, RAYMOND, 'The Analysis of Mana: an empirical Approach' *Journal of the Polynesian Society*, vol, xlix, no. 196,1940.

——'Magic, Primitive', *Encyclopaedia Britannica*, 1955 edit., vol. xiv.

FLUGEL, J. C. *A Hundred Years of Psychology, 1833—1933*, 1933.

FORTUNE, R. F. Sorcerers of Dobu, 1932.

FRAZER, J. G. *Psyche's Task*, 1913.

——*The Golden Bough*, 3rd edit., 1922, 2 vols. (First pub. in 1890.)

——*The Gorgon's Head*, 1927.

FREUD, SIGMUND. *Totem and Taboo*, n. d. (First pub. in German in 1913.)

——*The Fututre of an Illusion*, 1928.

FUSTEL DE COULANGES, N. D. *The Ancient City*, 4th edit. (1882). (First pub. in France. *La Cité antique*, in 1864.)

GALTON, FRANCIS. *Narrative of an Explorer in Tropical South Africa*, 1889 edit. (First pub, in 1853.)

GINSBERG, MORRIS. *Essays in Sociology and Social Philosophy*, vol. iii. *Evolution and Progress,* 1961.

GOLDENWEISER, ALEXANDER A. 'Religion and Society: A Critique of Èmile Durkheim's Theory of the Origin and Nature of Religion', *Journal of Philosophy, Psychology and Scientific Methods*, vol. xii, 1917.

——'Form and Content in Totemism', *American Arthropologist*, N. S., vol. xx, 1918.

——*Early Civilization*, 1921.

HADDON, A. C. *Magic and Fetishism*, 1906.

HARRISON, JANE ELLEN. *Themis. A Study of the Social Origins of Greek Religion*, 1912.

HARTLAND, E. SIDNEY. *The Legend of Perseus*, 3 vols., 1894–6.

——'The "High Gods" of Australia', *Folk-lore*, vol. ix, 1898.

HEILER, FRIEDRICH. *Das Gebet*, 1919.

HENDERSON, L. J. *Pareto's General Sociology. A Physiologist's Interpretation*, 1935.

HERTZ, ROBERT. *Death and the Right Hand*, 1960. (First pub. in France in 1907 and 1909.)

HOCART, A. M. 'Mana', *Man*, 1914, 46.

——'Mana again', *Man,* 1922,79.

——*The Progress of Man*, 1933.

HOGBIN, H. IAN. 'Mana', *Oceania*, vol. vi, no. 3, 1936.

HOMANS, G. C., and CURTIS, C. P. *An Introduction to Pareto. His Sociology*, 1934.

HUBERT, H., and MAUSS, M. 'Essai sur la nature et la fonction du sacrifice', *L'Année sociologique,* vol. ii, 1899.

——'Esquisse d'une théorie générale de la magie', *L'Année sociologique,* vol. vii, 1904.

——*Mélanges d'histoire des religions*, 2nd edit., 1929.

HUME, DAVID. *The Natural History of Religion,* 1956 edit. (First pub., 1757.)

JAMES, E .O. *Primitive Ritual and Belief*, 1917.

JAMES, WILLIAM. *The Principles of Psychology*, 1890.

——*The Varieties of Religious Experience*, 13th impr., 1907. (First pub. in 1902.)

——*Pragmatism and four Essays from the Meaning of Truth*, 1959 edit. (First pub. in 1907 and 1909.)

JEVONS, F. B. 'Report on Greek Mythology', *Folk-lore*, vol. ii, no. 2, pp. 220–

41,1891.

——*An Introduction to the History of Religion,* 9th edit., n. d. (First pub. in 1896.)

——*An Introduction to the Study of Comparative Religion*, 1908.

KING, JOHN H. *The Supernatural: its Origin, Nature, and Evolution*, 2 vols., 1892.

KISHIMOTO, HIDEO. 'An Operational Definition of Religion', *Numen*, Dec. 1961.

KROEBER, A. L. *The Religion of the Indians of California*, University of California Publications, vol. iv, 1907.

LALANDE, ANDRÉ. *Vocabulaire technique et critique de la philosophie*, art. 'Logique'. 1932.

LANG, ANDREW. *The Making of Religion*, 1898.

——'Are Savage Gods borrowed from Missionaries?', *The Nineteenth Century*, Jan. 1899.

——*Social Origins*, 1903.

LEHMANN, F. R. Mana, *Der Begriff des 'außerordentlich Wirkungsvollen' bei Südseevölkern*, 1922.

LEROY, OLIVIER. *La Raison primitive, Essai de réfutation de la théorie de prélogisme*, 1927.

LEUBA, JAMES H. *A Psychological Study of Religion, its Origin, Function and Future*, 1912.

LÉVI-STRAUSS, CLAUDE, *Totemism*, 1963 (*Le Totémisme aujourd'hui*, 1962).

LÉVY-BRUHL, LUCIEN. *La Morale et la science des mœurs*, 3rd edit., 1937. (Eng. trans. *Ethics and Moral Science*, 1905.)

——*Les Fonctions mentales dans les sociétés inférieures*, 2nd edit., 1912.

(First pub. 1910: Eng. trans. *How Natives Think*, 1926.)

——*La Mentalité primitive*, 14th edit., 1947. (First pub. in 1922: Eng. trans, *Primitive Mentality*, 1923.)

——*L'Âme primitive*, 1927. (Eng. trans. *The Soul of the Primitive*, 1928.)

——*La Mentalité primitive* (The Herbert Spencer Lecture), 1931.

——*La Surnaturel et la nature dans la mentalité primitive*, 1931. (Eng. trans. *Primitives and the Supernatural*, 1936.)

——*L'Expérience mystique et les symboles chez les primitifs*, 1938.

——*Les Carnets de Lucien Lévy-Bruhl*, 1949.

——'Une Lettre de Lucien Lévy-Bruhl au Professeur Evans-Pritchard', *Revue philosophique*, no. 4, 1957. ('A Letter to E. E. Evans-Pritchard, *The British Journal of Sociology,* vol. iii, 1952.)

LIENHARDT, GODFREY. *Divinity and Experience. The Religion of the Dinka*,1961.

LOISY, ALFRED. *Essai historique sur le sacrifice*, 1920.

LOWIE, ROBERT H. *Primitive Society*, 1921.

——*Primitive Religion*, 1925.

MAINE, SIR HENRY SUMNER. *Ancient Law*, 1912 edit. (First pub. 1861.)

MALINOWSKI, BRONISLAW. 'The Economic Aspect of the Intichiuma Ceremonies', *Festskrift Tillëgnad Edvard Westermarck*, 1912.

——'Baloma; the Spirits of the Dead in the Trobriand Islands', *Journal of the Royal Anthropological Institute*, vol. xlvi, 1916.

——*Argonauts of the Western Pacific*, 1922.

——'Magic, Science and Religion', *Science, Religion and Reality*, 1925 (ed. J. A. Needham).

——*Crime and Custom in Savage Society*, 1926.

MARETT, R. R. *The Threshold of Religion*, 2nd edit., 1914. (First pub. in 1909.)

——*Anthropology*, 1912.

——'Magic', in Hastings' *Encyclopaedia of Religion and Ethics,* vol. viii, 1915.

——*Psychology and Folk-lore*, 1920.

——*The Raw Material of Religion*, 1929.

——*Faith, Hope and Charity in Primitive Religion*, 1932.

——'Religion (Primitive Religion)', *Encyclopaedia Britannica*, 11th edit., vol. xxiii.

MAUSS, M. 'Essai sur les variations saisonnières des sociétés eskimos. Étude de morphologie sociale', *L'Année sociologique*, vol. ix, 1900.

——*Bulletin de la Société Française de Philosophie*, 1923.

McLennan, J. F. *Studies in Ancient History, The Second Series*, 1896.

Middleton, John. *Lugbara Religion*, 1960.

Moffat, R. *Missionary Labours and Scenes in Southern Africa*, 1842.

Montesquieu, M. De Secondat, BARON DE. *The Spirit of Laws*, 2 vols., 1750. (First pub. in French, *L'Esprit des lois*, in 1748.)

Müller, F. Max. *Lectures on the Origin and Growth of Religion*, 1878.

——*Selected Essays on Language, Mythology and Religion*, 2 vols., 1881.

——*Introduction to the Science of Religion*, 1882.

——*Chips from a German Workshop. Essays on Mythology and Folk-lore*, vol. iv, 1895.

——*The Life and Letters of the Rt. Hon, Friedrich Max Müller*, edit. by his wife. 2 vols. 1902.

Myres, J. L. 'The Methods of Magic and of Science', *Folk-lore*, vol. xxxvi, 1925.

Norbeck, Edward. *Religion in Primitive Society*, 1961.

Otto, Rudolf. *The Idea of the Holy*, 1926 impression. (First pub. in 1917: *Das Heilige*.)

Pareto, Vilfredo. *Le Mythe vertuiste et la littérature immorale*, 1911.

——*The Mind and Society*. 4 vols., 1935. (First pub. in Italy in 1916: *Trattato di sociologia generale*, 2 vols.)

——Address. *Journal d'Économie Politique*, 1917, pp. 426 ff. (Appendix to G. C. Homans and C. P. Curtis, *An Introduction to Pareto. His Sociology*, 1934.)

Pettazzoni, Raffaele. *Essays on the History of Religions*, 1954.

——*The All-Knowing God*, 1956. (Pub. in Italy in 1955: *L'onniscienza di Dio*.)

Preuss, K. T. 'Der Ursprung der Religion und Kunst', *Globus*, 1904—1905.

Radcliffe-Brown, A. R. *The Andaman Islanders*, 1922. (First pub. under the name of Brown, A. R.)

——'The Sociological Theory of Totemism', *Fourth Pacific Science Congress, Java*, 1929, *vol.* 3 *Biological Papers*, pp. 295-309.

——*Taboo*, 1939.

——'Religion and Society', *Journal of the Royal Anthropological Institute*, 1945.

RADIN, PAUL. *Social Anthropology*, 1932.

——*Primitive Religion. Its Nature and Origin*, 1938.

——*Monotheism among Primitive Peoples*, 1954 edit.

READ, CARVETH. *The Origin of Man and of his Superstitions*, 1920.

REINACH, SALOMON. *Orpheus. A History of Religions*, 1931 edit. (First pub.1909.)

RESEK, CARL. *Lewis Henry Morgan; American Scholar*, 1960.

RIGNANO, EUGENIO. *The Psychology of Reasoning*, 1923.

RIVERS, W. H. R. *Medicine, Magic and Religion*, 1927.

ROSKOFF, GUSTAV. *Das Religionswesen der rohesten Naturvölker*, 1880.

SCHLEITER, FREDERICK. *Religion and Culture*, 1919.

SCHMIDT, WILHELM. *The Origin and Growth of Religion*, 1931.

——*Der Ursprung der Gottesidee*. 12 vols., 1912—55.

SELIGMAN,C. G. and B. Z. *Pagan Tribes of the Nilotic Sudan*, 1932.

SINGER, CHARLES. *Religion and Science*, 1928.

SMITH, W. ROBERTSON. *The Prophets of Israel*, 1902. (First pub. 1882.)

——*The Religion of the Semites*, 3rd edit., 1927. (First pub. 1889.)

SNAITH, NORMAN H. *The Distinctive Ideas of the Old Testament*, 1944.

SÖDERBLOM, N. *Das Werden des Gottesglaubens*, 1916.

SOROKIN, PITIRIM. *Contemporary Scoiological Theories*, 1928.

SPENCER, HERBERT. *A System of Synthetic Philosophy, vol. 6. The Principles of Sociology,* vol. i, 1882.

STEINER, FRANZ. *Taboo*, 1956.

SWANSON, GUY. E. *The Birth of the Gods. The Origin of Primitive Beliefs*, 1960.

SWANTON, JOHN R. 'Some Anthropological Misconceptions', *American Anthropologist*, N. S., vol. xix, 1917.

——'Three Factors in Primitive Religion', *American Anthropologist,* N. S., vol. xxvi, 1924.

TAWNEY, R. H. *Religion and the Rise of Capitalism*, 1944 edit. (First pub. 1926.)

TEMPELS, R. P. PLACIDE. *Bantu Philosophy*, 1959. (Pub. in French, *La Philosophie bantoue*, in 1945.)

THEUWS, TH. 'Le Réel dans la conception Luba', *Zaïre*, vol. xv, I, 1961.

THOMAS, N. W. 'Magic and Religion: a Criticism of Dr. Jevons' Paper', *Folk-lore*, vol. xxix, 1918.

THURNWALD, R. 'Zauber, Allgemein', *Reallexicon der Vorgeschichte*, 1929.

TROELTSGH, ERNST. *The Social Teaching of the Christian Churches*, 2 vols., 1931. (First pub. in German, 1911: *Die Soziallehren der christlichen Kirchen und Gruppen*.)

TROTTER, W. *Instincts of the Herd in Peace and War*, 5th impression, 1920. (First pub. in 1916.)

TURNER, V. W. 'Ndembu Divination: its Symbolism and Techniques', *Rhodes-Livingstone Papers,* no 31,1961.

——'Ritual Symbolism, Morality and Social Structure among the Ndembu', *Rhodes-Livingstone Journal*, no. 30, 1961.

TYLOR, EDWARD B. *Researches into the Early History of Mankind*, 2nd edit. 1870. (First pub. in 1865.)

——*Primitive Culture* .2 vols., 3rd edit, 1891. (First pub. in 1871.)

——Review of Dorman, Rushton M., *The Origin of Primitive Superstitions, The Academy*, Sat., 5 Nov. 1881.

——'On the Limits of Savage Religion', *Journal of the Anthropological Institute*, vol. xxi, 1892.

VAN DER LEEUW, G. 'Le Structure de la mentalité primitive', *La Revue d'Histoire et de Philosophie Religieuse*, 1928.

——*L'Homme primitif et la religion, étude anthropologique*, 1940.

VAN GENNEP, ARNOLD. *L'État actuel du problème totémique*, 1920.

WACH, JOACHIM. *Sociology of Religion*, 1947.

WEBB, CLEMENT C. J. *Group Theories of Religion and the Individual*, 1916.

WEBER, MAX. *The Protestant Ethic and the Spirit of Capitalism*, 1930. (First pub. under the title *Die protestantische Ethik und der Geist des Kapitalismus,* in 1904—5. *From Max Weber: Essays in Sociology*, 1947.)

——*The Religion of China: Confucianism and Taoism*, 1951.

——*The Religion of India: The Sociology of Hinduism and Buddhism*, 1958.

WHEELER, GERALD C. *The Tribe and Intertribal Relations in Australia*, 1910.

WHITE, C. M. N. 'Elements in Luvale Beliefs and Rituals', *Rhodes-Livingstone Papers*, no. 32. 1961.

WILLIAMSON, ROBERT W. *Religious and Cosmic Beliefs of Central Polynesia*, 2 vols., 1933.

——*Religion and Social Organization in Central Polynesia*, 1937.

WILSON, BRYAN R. *Sects and Society. A Sociological Study of three Religious Groups in Britain*, 1961.

WORSLEY, PETER. *The Trumpet shall Sound*, 1957.

WUNDT, WILHELM. *Völkerpsychologie*, vol. ii, 1906.

——*Elements of Folk Psychology*, 1916. (First pub. in 1912: *Elemente der Völkerpsychologie*.)

ZAEHNER, R. C. *At Sundry Times*, 1958.

索　引

（索引页码为原书页码，即本书边码）

译 后 记

从陈小文君那里接手翻译此书时，离截稿日期仅有4个多月，基本上没有字斟句酌的时间了。好在本书所讨论的人物和思想，我在平时的宗教研究中都有涉猎，这大大减少了工作的难度。尽管如此，译文中一定还有不少错误，敬请方家指正。

读者会发现，本书作者普里查德对宗教人类学、宗教社会学、宗教心理学中的各种原始宗教理论都作了相当尖锐而又不无道理的批评。乍一看，我们也许会被普氏那种骂倒一切的气概所惊骇，因为他那犀利的挖苦、尖刻的嘲讽指向的都是这样一些卓尔不群的学者、思想家：马克斯·缪勒、马林诺夫斯基、马雷特、帕累托、弗洛伊德、涂尔干、韦伯、毛斯，等等，而这些人的著作一直都被我们奉为经典。不过，如果我们知道普氏是一位有丰富的田野调查经验的宗教学家，我们便不会将其斥为靠骂名人而浪得虚名的投机家。事实上，他的批评都是建立在通过田野调查而获得的资料基础之上的。而且，他本人所提出的"相关论"非常注重考量全局，倡导将宗教置于人类丰富的文化、社会、精神生活的"全部事实"中进行研究，此说颇有见地。换言之，普氏对前人的批评既有事实根据，亦有理论见解。因此，我相信，本书虽然出版于20世纪60年代，对国内的宗教研究者却仍不失参考价值。译者翻译本书后，深感获

益良多。

在本书的翻译过程中，译者曾就一些德语、拉丁语和法语翻译问题向张祥龙、彭小瑜、孙永平、王晓朝和杜鼎克（Dudink）等先生请教，还曾就一些术语的翻译向邢滔滔、沙宗平等先生请教，译者愿借此机会向他们深表谢意。当然，所有错误都应当由译者负责。

孙尚扬

2001 年 6 月 4 日于北大农园

本书初版于 2001 年，现在列入商务印书馆“汉译世界学术名著丛书”，译者深感荣幸。

2023 年 12 月 3 日于京西

图书在版编目(CIP)数据

原始宗教理论/(英)E. E. 埃文思-普里查德著;孙尚扬译. —北京:商务印书馆,2024
(汉译世界学术名著丛书:120年纪念版:珍藏本:增订本)
ISBN 978-7-100-23718-5

Ⅰ.①原… Ⅱ.①E…②孙… Ⅲ.①原始宗教—研究 Ⅳ.①B933

中国国家版本馆 CIP 数据核字(2024)第 077305 号

汉译世界学术名著丛书
(120 年纪念版·珍藏本·增订本)
原始宗教理论
〔英〕E. E. 埃文思-普里查德 著
孙尚扬 译

商务印书馆出版
(北京王府井大街 36 号 邮政编码 100710)
商务印书馆发行
北京市十月印刷有限公司印刷
ISBN 978-7-100-23718-5

2024 年 5 月第 1 版 开本 710×1000 1/16
2024 年 5 月北京第 1 次印刷 印张 10½
定价:56.00 元